英語なんて
これだけ聴けて
これだけ言えれば
世界はどこでも旅できる

ロバート・ハリス

prologue

　数年前、写真家の友人のHと仕事でモロッコを旅して回ることになった。

　モロッコの公用語はアラビア語とフランス語。英語を話せる人は極端に少ない。言葉の問題はどうしようか、という話になった。

　僕はハイスクールの時に2年間フランス語を習ったが、興味が持てなかったので授業ではほとんど何も聴いていなかったし、自習もしなかった。成績も最低で、いつもビリのほうだった。一方、Hは慶應で3年間フランス語をみっちり勉強したと言う。

「じゃあ、言葉のほうは任せていいね?」

「勉強したのはもう何十年も前のことだけどさ、何とか頑張るよ」Hはそう言うと軽く胸を叩いた。

　でも、実際旅を始めると、Hのフランス語はまったく役に立たないということがわかった。まずヒアリングがダメだった。

「学校で聴いたフランス語と違ってみんな早口だろ。何を言ってんのか全然聴きとれないんだよ」

　次に、簡単な日常会話やあいさつのやりとりがなかなかうまくいかない、と彼は言った。難しい言い回しや文法ばかり

を頭に叩き込まれたので、簡単なフレーズやあいづちが浮かんでこないのだそうだ。

　一方、英語がしゃべれる僕は、キャビン・アテンダントや税関の審査官、タクシーの運転手、ホテルのレセプショニストたちが話すフランス語のフレーズや単語がところどころ聴きとれ、理解することができた。「職業は何ですか?」とか「どこに滞在しますか?」、「荷物はこれだけですか?」といったフレーズや「申告」、「予約」、「目的地」といった単語だ。

　また、少し話してみてわかったのだが、僕は「〜をください」とか「〜はどこですか?」、「〜はありますか?」といった簡単なフレーズを覚えていて、道順を聞いたり、値段の交渉をしたり、ホテルの部屋を替えてもらうぐらいの会話ならこなすことができた。そして話せば話すほど、フレーズや単語の数も増え、そのうちレストランのウェイターや町の公認ガイド、ホテルのベルボーイなどとちょっとしたやりとりや冗談を交わせるようになった。

　僕たちは15日間、車に乗ってモロッコのあちこちを旅して回ったのだが、旅のコミュニケーション担当は、僕が担うこととなった。

prologue

　この話をしたのは、もちろん自慢したいからではない。旅先でのコミュニケーションというのは、相手が何を言っているのか把握するヒアリング力と、シンプルなフレーズや単語を使って自分の思いを伝える会話力さえあれば何とかなる、ということを言いたいのだ。

　旅のために新しい言い回しや単語を覚える必要はまったくない。

　この本では、僕が世界中を放浪した経験から得た、もっとも一般的で、自然で、無駄のない英語のフレーズを、とことん絞りこんで紹介している。読者の一人ひとりが、どこかで耳にしたことのあるシンプルなフレーズばかりである。「これが食べたい」、「あれがほしい」、そんなところからスタートすればいいのだ。やってみて、通じて、なおかつそれが自分にしっくりくる表現の時、はじめて言葉は身についていく。

　旅の会話に必要な、使いこなさなければならないフレーズなんて、意外と少ないものだ。この本に挙げたフレーズで、十分世界を旅することができる。このフレーズを使いこなすだけで、世界中のどこを旅しても、最低限必要なコミュニケーションは問題なくとれる。あとは、ここをスタートに、自分の

言葉をどれだけ身につけていけるかだ。そのためには机に向かって勉強する必要はない。実践あるのみだ。あなたが日本語を実践で覚えたように、英語を話しながら覚えていけばいいのだ。

　この本を持って、ぜひ旅のコミュニケーションを楽しんでほしい。

　なお、この本の音声については、付録にCDを付けるのではなくて、インターネットで無料でダウンロードできるスタイルにした。東京書籍のホームページからダウンロードできるから、携帯プレーヤーなどに入れて聴きながら旅をするのもいいと思う。音声の収録は知り合いのRYOSUKEとANが手伝ってくれた。二人には心から感謝している。ありがとう。

2010年7月

　　　　　　　　　　　　　　　　　　　　ロバート・ハリス

Robert Harris

Chapter 1
これだけ聴ければ困らない

- 空港（チェックイン・カウンターで） ……… 12
- 空港（セキュリティチェック・ポイントで） ……… 16
- 機内で ……… 20
- 空港（入国審査で） ……… 24
- 両替所で ……… 28
- タクシーで ……… 30
- レンタカー ……… 32
- 街で ……… 38
- ホテルで ……… 40
- レストランで ……… 44
- ファストフード店、カフェで ……… 48
- ショッピングで ……… 52
- チケット売り場（劇場）で ……… 54

Chapter 2
これだけでどんな場面でもいける魔法の万能フレーズ10

- ……, please.（……、お願いします） ……… 60
- Could I have ……?（……をもらえますか?） ……… 72
- I'd like to ……. / I'd like …….
  （……したいのですが／……をいただきたいのですが） ……… 76
- Do you have ……?（……はありますか?） ……… 84
- I'm looking for ……?（……を探しているんですが） ……… 88
- Where is ……?（……はどこですか?） ……… 94
- Is there ……?（……はありますか?） ……… 98
- Would you ……?（……してもらえますか?） ……… 104
- May I ……?（……してもいいですか?） ……… 110
- Is this ……?（これは……ですか?） ……… 112

Chapter 3
ここまでできれば もう万全のフレーズ 10

Do you mean ……? (……ってこと?) ······ 116
What is ……? (……って何ですか?) ······ 118
What kind of ……? (どんな……?) ······ 120
Which is ……? (どちらが……?) ······ 122
How much ……? (いくら/どれぐらい……?) ······ 124
How long ……? (どれぐらい(の長さ)……?) ······ 126
How often ……? (どれぐらい(の頻度で)……?/よく……するの?) ··· 128
How about ……? (じゃあ、……は?) ······ 130
I'll ……. (……します) ······ 132
I need ……. (……をください/……がいるんですけど) ······ 134

Chapter 4
あいさつ、呼びかけ、 返事はこれだけでいい

Hi. (どうも/こんにちは) ······ 138
How are you? / How are you doing? (元気?) ··· 140
Nice to meet you. (はじめまして/よろしく) ······ 142
Have a nice day! (じゃあね!) ······ 144
Yes. / OK. (はい/そうです) ······ 146
Sure. (もちろん/いいですよ) ······ 148
Good. (元気です/よかった) ······ 150
All right. (いいよ) ······ 152
Here. (どうぞ) ······ 154
Did you? (へえ、そうなの?) ······ 156
Really? (本当?) ······ 158
I see. (なるほど) ······ 160
Let's see. (えーっと) ······ 162
Just a second. (ちょっと待って) ······ 164

Thank you. / Thanks. (ありがとう/どうも) ……………… 166

You're welcome. (どういたしまして/どうも) ……………… 168

Excuse me. (あの、……/すみません) ……………… 170

Excuse me? (えっ?) ……………… 172

That's right. (そうそう) ……………… 174

That's OK. / It's OK. (気にしないで) ……………… 176

Not yet. (まだです) ……………… 178

That's all. (それだけです/以上です) ……………… 180

That's it. (それです) ……………… 182

Go ahead. ((お先に)どうぞ) ……………… 184

Go on. (続けて) ……………… 186

Why not? (いいよ) ……………… 188

I don't think so. (いいえ) ……………… 190

Same here. (私も) ……………… 192

Just looking. (見てるだけです) ……………… 194

Over there. (あちらです) ……………… 196

Chapter 5
これが言いたかった！「ツボ」フレーズ30

I'll try. (がんばります) ……………… 200

Oh, no! (うっそー/えーっ?) ……………… 202

For now. (とりあえず) ……………… 204

Just in case. (念のため) ……………… 206

Trust me. (まかせて) ……………… 208

Almost! (おしい!) ……………… 210

Are you sure? (ほんと?) ……………… 212

Don't worry about it. (大丈夫) ……………… 214

Never mind. (気にしないで) ……………… 216

Take your time. (あわてないで/ごゆっくりどうぞ) ……………… 218

We'll see. (ちょっと、様子をみます) ……………… 220

I'll pass. (やめときます) ……………… 222

表現	意味	ページ
You decide.	（おまかせします）	224
It's up to you.	（まかせます／あなた次第）	226
…… will do.	（……でいいです）	228
Here's fine.	（ここでいいです）	230
I'm lost.	（(道に)迷っちゃった／(話が)わからなくなった）	232
So do I.	（私もです）	234
Neither do I.	（私もです(内容が否定の場合)）	236
…… doesn't work.	（……が故障してます）	238
What's the difference?	（何が違うの？）	240
What does that mean?	（それってどういう意味？）	242
That's not what I meant.	（そうじゃなくて）	244
Could you show me how ……?	（どうやるのか教えてもらえませんか？）	246
Don't.	（だめ／やめて）	248
I'll think about it.	（ちょっと、考えます）	250
There you are.	（ああ、いたいた）	252
Is it OK if ……?	（……してもいいですか？）	254
I think …….	（……みたいなんですが）	256
Let me …….	（私に……させて）	258

Appendix　自分だけのしっくり表現メモ …… 263

column 知っておきたい単語と表現

#	項目	ページ
1	職業	26
2	お金（アメリカドル）	56
3	聴きとりにくい国名・都市名	58
4	お金（イギリスポンド）	70
5	お金（ユーロ）	82
6	空港	92
7	ATM	93
8	ホテル	102
9	レンタカー	108
10	意外に言えない単語	114
11	レストラン	136
12	街・ショッピング	198
13	時刻	260
14	ID（身分証明）	262

本書の音声について

本書の音声は、東京書籍ホームページにある以下のサイトからMP3形式のファイルを無料でダウンロードできます。ダウンロードしたファイルは、パソコンや携帯音楽プレーヤーなどで聴くことができます。

http://www.tokyo-shoseki.co.jp/books/koredake

Chapter 1
これだけ聴ければ困らない

旅で聴きとる必要がある言葉なんて、たかが知れています。とくに交通機関や税関、ホテルやレストラン、ファストフード店などは、定番の質問しかしてきません。これさえ聴きとれれば、ほぼ困らないし、そのうち聴きとれるバリエーションも増えてきます。まずは、ここで紹介する定番の質問を確認して、すぐ答えが出るよう訓練しておきましょう。

やがて旅で知り合った人と会話をする必要も出てきます。そのときだって、基本は聴くことと答えることです。

空港

チェックイン・カウンターで

Checking in?

What's your destination?

How many people? /
How many of you to check in?

Your passport and ticket, please. /
Could you show me your ticket and passport?

Reservation number, please.

This flight is overbooked. We're looking for someone who volunteers for a later flight. Would you mind taking a later flight?

チェックインですか?
返答例 Yes.（そうです。p.146）／ Yes, check in, please.（p.60）

どちらまでいらっしゃいますか?
返答例 Los Angeles.／ London.／ Sydney.

何名様ですか?
返答例 Just myself.（私ひとりです。）／ Two.（2人です。）／ We are three.（3人です。）

パスポートと航空券をお願いします。
返答例 Sure.（どうぞ。p.148）／ Here you are.／ Here it is.（これです、どうぞ。p.154）

予約番号をお願いします。 チケットレスの予約の場合
返答例 Sure.（と言って書類を見せる）（p.148）／ Here you are.（と言って書類を見せる）（p.154）／ The number is … .（番号は……です。）

こちらのフライトはオーバーブッキングになっております。後の便に代わってくださるお客様を探しております。代わっていただけますでしょうか?
返答例 No problem.（いいですよ。p.176）／ I'm sorry, but I would rather not.（ごめんなさい、それはちょっとできません。）／ What is the compensation?（補償は何ですか? p.118）

We can give you a $200 flight coupon which you can use for your future trip.

Any baggage to check in?

Do you carry that bag on the plane?

Could you put them here? / Put them here, please.

Which seat would you like, window or aisle? / Window or aisle?

Here is your boarding pass. Baggage claim tags are attached.

You'll board at gate 4.

次回に利用された時の200ドル分のクーポンを差し上げます。

返答例 **(That) sounds good.**（いいですね。）／
All right.（それなら、いいですよ。p.152）／
I see.（なるほど、それならいいですよ。p.160）／
Thanks.（p.166）

預け入れされる荷物はございますか？

返答例 **Here you are.**（p.154）／**(I have) no baggage to check in.**（預け入れする荷物はありません。）／**(I have) two pieces.**（2個です。）

そちらの荷物は機内に持ち込みますか？

返答例 **Yes, I do.**／**Yes.**（p.146）

こちらに置いていただけますか？

返答例 **Sure.**（p.148）／**Here.**（p.154）／**Here you are.**（p.154）

お席は、窓側と通路側、どちらがよろしいですか？

返答例 **I'd like an aisle seat.**（通路側がいいです。p.76）／**An aisle seat, please.**（通路側でお願いします。p.60）／**Either will do.**（どっちでもいいです。p.228）

こちらが搭乗券です。お荷物の預かり証は、こちらに添付されております。

返答例 **All right, thank you.**（p.152）／
All right.（p.152）／**Thanks.**（p.166）

出発ゲートは4番です。

返答例 **All right, thank you.**（p.152）／
All right.（p.152）／**Thanks.**（p.166）

1 これだけ聴ければ困らない

空港

セキュリティチェック・ポイントで

Your passport and boarding pass, please.

Please take out your metal items and put them in this box/bin.

Remove your shoes and put them in that box/bin.

Put your bag on the X-ray machine.

Take your laptop and video camera out of their cases and place them in a box/bin.

Take off all outer coats, jackets and blazers and put them in the box/bin, please.

1 これだけ聴ければ困らない

パスポートと搭乗券を見せていただけますか？
返答例 Sure.（どうぞ。p.148） / Here you are. / Here it is.（これです、どうぞ。p.154）

金属製品は取り出して、こちらの箱の中に入れてください。
返答例 Sure.（p.148） / All right.（p.152） / OK.（p.146）

靴を脱いで、そちらの箱の中に入れてください。
返答例 Sure.（p.148） / All right.（p.152） / OK.（p.146）

手荷物はそちらのX線検査装置の方へ置いてください。
返答例 Sure.（p.148） / All right.（p.152） / OK.（p.146）

パソコンやビデオカメラはカバンから出し、カバーをとった状態で、ボックス内に入れてください。
返答例 Sure.（p.148） / All right.（p.152） / OK.（p.146）

コートやジャケット類は脱いでボックス内に入れてください。
返答例 Sure.（p.148） / All right.（p.152） / OK.（p.146）

1 これだけ聴ければ困らない

You can have a common lighter with you on your person or in your carry-on baggage.

Any liquid?

All liquids, gels and aerosols must be in 3.4 ounces (100ml) or smaller containers.

All liquids, gels and aerosols must be placed in a single, quart-size, zip-top, clear plastic bag.

Now please go through the detector.

Anything in your pockets?

Put it here, please go through again.

ライターはおひとり様ひとつのみ持ち込み可能です。
返答例▶ Oh, can I? (へえ、持ち込めるんだ。p.156)／All right. (p.152)／OK. (p.146)

液体のものはお持ちですか？
返答例▶ No, nothing. (いいえ、なにも。p.146)／Yes. (はい。p.146)／Here you are. (p.154)

あらゆる液体、ジェル状のもの、スプレー類は、100ミリリットル以下の容器に入れてください。
返答例▶ All right. (p.152)／OK. (p.146)

あらゆる液体、ジェル状のもの、スプレー類は、容量1リットル以下の透明なジップロック状の袋に入れてください。
返答例▶ All right. (p.152)／OK. (p.146)

金属探知機を通り抜けてください。
返答例▶ All right. (p.152)／OK, I will. (はい、そうします。p.146)

ポケットの中身を見せていただけませんか？
返答例▶ Here. (p.154)／Here you are. (p.154)／Oh, I have keys. (あっ、鍵が入ってた。)

それはここに置いて、もう一度通り抜けてください。
返答例▶ All right. (p.152)／OK. (p.146)

機内で
airplane

1 これだけ聴ければ困らない

Could you show me your boarding pass, please? / Your boarding pass, please?

Please go along this aisle. / This way, please.

Would you care for a drink? / Would you like something to drink? / Anything to drink?

Tea or coffee?

Cream and sugar?

牛乳のことは cream という場合が多い。クリーム入りとなしを聞く場合に、Black or white? という言い方をする場合がある。

Which would you like, beef, chicken or fish? / Beef, chicken or fish?

搭乗券を拝見できますか？（お席はおわかりですか？）
返答例▶ Yes.（はい。p.146）／Here.（これです、どうぞ。p.154）／Here you are.（これです、どうぞ。p.154）

こちらの通路をお進みください。
返答例▶ All right. (p.152)／OK. (p.146)／Thanks. (p.166)

お飲みものはいかがですか？
返答例▶ I'd like some coffee.（コーヒーをください。p.76）／I'd like orange juice.（p.76）／Water, please. (p.60)

紅茶かコーヒーはいかがですか？
返答例▶ Coffee, please. (p.60)／Tea, please. (p.62)／No, thank you.（けっこうです。p.166）

クリームとお砂糖はお使いになりますか？
返答例▶ Both, please.（両方、お願いします。）／Just black.（ブラックで。）／Just cream, please.（クリームだけください。p.60）

ビーフ、チキン、お魚、どちらになさいますか？
返答例▶ I'd like beef.（ビーフがいいです。p.76）／Beef, please. (p.62)／Chicken, please. (p.62)

How about some dessert?

Are you finished?

Can I take this?

Please fold your table away.

Please push back your tray. / Put your tray table up, please.

Would you like any duty-free items?

Do you have an immigration card and a customs declaration form?

デザートはいかがですか？

返答例 Yes, please.（お願いします。）／ (That) sounds good.（いいですね。）／ No, thank you. (p.166)／ What kind of dessert do you have?（どんな種類がありますか？ p.120）

お食事はお済みですか？

返答例 Yes. (p.146) ／ Yes, could you take this away?（はい、片付けてください。）／ Not yet.（まだです。p.178）

お下げしてもよろしいですか？

返答例 Sure.（どうぞ。p.148） ／ No, I've not finished yet.（いえ、まだです。p.178）／ Could you come back later?（あとで来てください。p.104）

テーブルをたたんでください。

返答例 Sure. (p.148) ／All right. (p.152) ／ OK. (p.146)

テーブルを元の位置に戻してください。

返答例 Sure. (p.148) ／All right. (p.152) ／ OK. (p.146)

免税品はいかがですか？

返答例 Do you have any Old Parr?（オールド・パーはありますか？ p.84）／ I'll have this one.（(商品を指さして)これください。p.132）／ How much is it?（それ、いくらですか？ p.124）

入国カードと税関申告書はお持ちですか？

返答例 Yes, I have both.（はい、両方あります。）／ Could I have an immigration card?（入国カードをもらえますか？ p.72） ／ Immigration card, please.（入国カードをお願いします。p.60）

Could you pull down the shade, please? / Could you pull the shade down?

Could you put the seat back?

Put your seat back upright, please.

Fasten your seat belt, please.

空港

入国審査で

Passport, please.

How long will you stay? / How long are you going to stay?

シェードを下ろしていただけますか？
返答例 Sure. (p.148) ／All right. (p.152) ／OK. (p.146)

背もたれを元の位置に戻していただけますか？
返答例 Sure. (p.148) ／All right. (p.152) ／OK. (p.146)

座席を元の位置に戻してください。
返答例 Sure. (p.148) ／All right. (p.152) ／OK. (p.146)

シートベルトをお締めください。
返答例 Sure. (p.148) ／All right. (p.152) ／OK. (p.146)

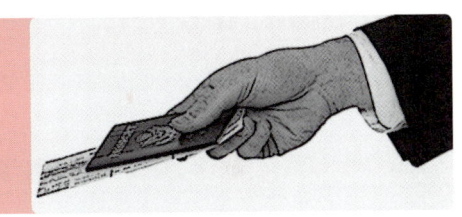

パスポートを見せてください。
返答例 Sure. (どうぞ。p.148) ／Here./ Here you are. (これです、どうぞ。p.154)

何日間滞在の予定ですか？
返答例 For five days. (5日間です。) ／About one week. (約1週間です。) ／For a month. (1カ月です。)

Where are you staying? / Where are you going to stay?

Is this your first visit here?

What for? / What is the purpose of your visit?

Your business? / What is your occupation?

Put your index fingers here for scanning. From the right. OK, then, the left.

Look into the camera, please.

---

column 1 知っておきたい単語と表現

職業

…で働いている	work for … (a company など)
会社員	office worker
会社役員	company executive
会社経営者	company owner

どこに宿泊しますか？
返答例▶ ABC Hotel. ／ I'm staying at the ABC Hotel.（ABC ホテルに宿泊します。）

初めての訪問ですか？
返答例▶ Yes.(p.146) ／ Second time.（2回目です。）

訪問の目的は？
返答例▶ Sightseeing.（観光です。）／ Pleasure.（遊びです。）

ご職業は？
返答例▶ Office worker.（会社員です。）／ Civil servant.（公務員です。）／ Teacher.（教師です。）

こちらに人差し指を置いてください。指紋のチェックをします。右から。はい、いいです、次に、左。
アメリカへの入国時は指紋のスキャンと顔写真の撮影がある。
返答例▶ Sure. (p.148) ／ All right. (p.152) ／ OK. (p.146)

カメラを見てください。
返答例▶ Sure. (p.148) ／ All right. (p.152) ／ OK. (p.146)

公務員	public (civil) servant
自由業	free-lancer
契約社員	contracted employee
無職	out of work
退職している	retired
学生	student
主婦	housewife

両替所で

exchange co

1 これだけ聴ければ困らない

How much do you want to exchange? /
How much would you like to change?

How do you like it? /
How would you like it?

Large or small bills?

Show me your ID, please.

Please sign here. /
Please put your signature here.

Please check the amount.

いくら両替なさいますか?
返答例 ▶ I'd like to change fifty thousand yen into dollars. (5万円をドルに交換したいのですが。p.76) ／ Fifty thousand yen into dollars. (5万円をドルに。)

どのように両替しますか?
返答例 ▶ Would you give that to me in twenty-dollar bills? (20ドル札でお願いできますか? p.104) ／ Could you include some small change? (小銭もまぜてください。p.104) ／ Twenty-dollar bills, please. (20ドル札でお願いします。p.64)

高額紙幣にしますか? 小額紙幣にしますか?
返答例 ▶ Large bills, please. (高額紙幣にしてください。p.64) ／ Small bills, please. (小額紙幣でお願いします。p.64) ／ Both. (両方で。)

ID(身分証明書)を見せていただけますか?
返答例 ▶ Yes. (はい。p.146) ／ Here. ／ Here you are. (これです、どうぞ。p.154)

ここに署名してください。
返答例 ▶ Sure. (p.148) ／ All right. (p.152) ／ OK. (p.146)

金額をご確認ください。
返答例 ▶ (確認後)Sure. ／ This is all right. (これで大丈夫です。p.152) ／ Fine. (p.148)

タクシーで

Where would you like to go?/ Where to?

Which one? There are three in this town.

You know how to get there, right?

Do you have a map or something?

This street always has a traffic jam. Can I take another route?

Where do you want me to pull up?

Domestic or international?

空港へ向かう場合、ターミナルの確認のためにまず聞かれることが多い。

どちらまで？

返答例 ABC Hotel, please.／To the ABC Hotel, please. (p.64)／To this address, please.（紙を見せながら）（この住所まで。）(p.64)

どの（ABC）ホテル？ 3軒あるんだけど。

返答例 ABC Hotel on Idaho Avenue.（アイダホ通りのABCホテルです。）

行き方、わかってますか？

返答例 Here is the map.（これが地図です。）

地図とか持ってます？

返答例 Here. (p.154)／Here you are. (p.154)／Here is the phone number. Please call them and ask for the direction.（電話番号はこれです。かけてみて道を聞いてください。）

この道はいつも混むんですよね。ほかの道を行ってもいいですか？

返答例 Sure. (p.148)／No problem. (p.176)／It's up to you.（おまかせします。p.226）

どこで停めますか？

返答例 Anywhere will do.（どこでもいいですよ。p.228）／Here is fine.（ここでいいです。p.230）

国内線ですか？ 国際線ですか？

返答例 Domestic.（国内線です。）／International.（国際線です。）

Which airline?
（ウィッチ　エアライン）

空港へ向かう場合、ターミナルの確認のためにまず聞かれることが多い。

Here we are.
（ヒア　ウィー　アー）

The fare is twelve dollars. / Twelve dollars.
（ダ　フェアリズ　トゥエルヴ　ダラーズ／トゥエルヴ　ダラーズ）

Here is eight dollars in change. / Eight dollars in change.
（ヒアリズ　エイ　ダラーズ　イン　チェインジ／エイ　ダラーズ　イン　チェインジ）

レンタカー

rent-a-car

Hi. How are you today?
（ハーイ　ハウ　アー　ユー　トゥデイ）

What kind/type of car would you like?
（ワッ　カインド　タイプ　オブ　カー　ウッ　ジュー　ライク）

どこの航空会社ですか?
返答例 ... Airline.

着きましたよ。
返答例 Thanks. (p.166) ／ How much is it? (いくらですか? p.124)

料金は 12 ドルです。
返答例 Here you are. ((お金を出し)はい、どうぞ。) (p.154) ／ Keep the change. (おつりはいりません。) ／ Here. ... dollars back, please. (はい、どうぞ。おつりは … ドルください。)

おつりは 8 ドルです。
返答例 Thank you. (p.166) ／ Keep the change. ／ ... dollars back, please.

いらっしゃいませ。
返答例 Hi. (p.138) ／ Fine. ／ Good. (p.150)

どのようなタイプのお車をご希望ですか?
返答例 A compact car, I think. (小型車がいいかな。) ／ A mid-sized car, please. (中型車をお願いします。p.64) ／ I'd like an automatic car. (オートマチック車をお願いします。) ／ I need a car navigation system. (カーナビつきがいいです。 p.134)

How about …..?

A medium-sized car costs about twenty dollars more per day.

Do you want full-cover insurance?

Do you buy the fuel option or refill yourself?

We can offer you a free upgrade to a full-sized car.

Where will you be staying?

Can I have your driver's license and credit card?

……（車種）はいかがですか？

返答例 That would be fine.（それでけっこうです。p.148) Sounds good.（よさそうですね。）／ Do you have anything else?（ほかにもありますか？ p.84）

中型車は1日あたりプラス20ドルになります。

返答例（確認後）All right.(p.152)／Fine.(p.148)

完全補償型保険をつけますか？

返答例 Yes. (p.146) ／ Yes, I do.／ I'd like to take all insurance options.（全部つけてください。p.78）

燃料代先払いをご利用になりますか？満タン返しになさいますか？

返答例 I'll buy the fuel option.（燃料代先払いにします。p.132)／I'll refill the gas by myself.（自分でガソリンを入れます。p.132）

現在大型車への無料アップグレードを実施しております。

返答例 (That) sounds good.（いいですね。）／ Can you?（そうなの？ p.156)／No, thank you.（けっこうです。p.166）

どちらにお泊まりですか？

返答例 ABC Hotel.／At the ABC Hotel.／I'll be staying at the ABC Hotel.（ABCホテルです。p.132）

免許証とクレジットカードを拝見できますか？

返答例 Sure. (p.148)／Here.／Here you are.（これです、どうぞ。p.154）

How long did you plan on keeping this?

Where will you return the car?

That would cost you $32.99 a day, unlimited mileage.

The daily rate is 45.59, plus fifteen cents a mile.

Do you need some insurance? It's six dollars a day.

It covers the car for damages and theft.

Please print your name here.

何日間ご利用になりますか？

返答例 I'd like to rent it for three days. (3日間借りたいです。p.78) ／ For three days. ／ Three days.

車の返却はどちらになさいますか？

返答例 To this location. (ここに。) ／ I will drop it off in San Francisco. (サンフランシスコに乗りすてたいのですが。)

走行距離に関係なく1日32ドル99セントです。

返答例 All right. (p.152) ／ Fine. (p.148) ／ Does this fee include insurance tax? (これは保険料込みの料金ですか？)

1日45ドル59セントで、1マイル当り15セント追加です

返答例 All right. (p.152) ／ Fine. (p.148) ／ Does this fee include insurance tax?

損害保険をかけますか？ 1日6ドルですが。

返答例 Yes. (p.146) ／ No, I don't. (いいえ、けっこうです。) ／ I'd like to take all insurance options. (全部つけてください。p.78)

車の破損と盗難がカバーされます。

返答例 All right. (p.152) ／ I see. (わかりました。p.160)

ここにブロック体で名前を書いてください。

返答例 Sure. (p.148) print という指示があるときは筆記体で書かないこと。

街で street

1 これだけ聴ければ困らない

Excuse me, could you tell me where 1 6 1 5 Idaho Street is?
_{エクスキューズ ミー　クッジュー テル ミー ウェア シクスティンフィフティン アイダホ ストリート イズ}

Can you direct me to the station? /
Could you tell me how to get to the station?
_{キャニュー ディレクト ミー トゥ ダ ステイション　クッジュー テル ミー ハウ トゥ ゲッ トゥ ダ ステイション}

Will you tell me the way to the Hilton Hotel?
_{ウィル ユー テル ミー ダ ウェイ トゥ ダ ヒルトン ホテル}

Is Abby Road near here?
_{イズ アビー ロウド ニア ヒア}

すみません、アイダホ通り1615はどこですか？

返答例 I'm sorry, I don't know.（すみませんが、よくわかりません。）／I'm afraid I'm a stranger around here.（この辺には不案内なので。）／Ask someone else, please.（ほかの人に聞いてください。）

駅へはどのように行けばよいでしょうか？

返答例 I'm sorry, I don't know.（すみませんが、よくわかりません。）／I'm afraid I'm a stranger around here.（この辺には不案内なので。）／Ask someone else, please.（ほかの人に聞いてください。）

ヒルトンホテルまでどう行ったらよいか教えていただけますか？

返答例 I'm sorry, I don't know.（すみませんが、よくわかりません。）／I'm afraid I'm a stranger around here.（この辺には不案内なので。）／Ask someone else, please.（ほかの人に聞いてください。）

アビーロードはこの辺ですか？

返答例 I'm sorry, I don't know.（すみませんが、よくわかりません。）／I'm afraid I'm a stranger around here.（この辺には不案内なので。）／Ask someone else, please.（ほかの人に聞いてください。）

**Excuse me, could you tell me what time it is? /
Do you happen to know what time it is?**

Do you have a cigarette?

Anything wrong?

ホテルで
hotel

Hi. How are you today?

Checking in?

Do you have a reservation?

すみません、いま何時ですか？
返答例 Yes, it's five past three.（3時5分です。）／Sorry, but I don't know.（すみませんが、わかりません。）

タバコもらえませんか？
返答例 Sorry, I don't smoke.（すみませんが、吸わないので。）／There is only one left. Sorry!（残り1本しかないので、すみません。）

どうしたんですか？
返答例 Nothing.（なんでもありません。）／I think I'm lost.（迷ったみたいです。p.232）

いらっしゃいませ。
返答例 Hi.（p.138）／Fine.／Good.（p.150）

チェックインでいらっしゃいますか？
返答例 Yes.（p.146）／Yes, my name is Suzuki. I have a reservation.（はい、名前は鈴木です。予約してます。）

予約はしていらっしゃいますか？
返答例 Yes.（p.146）／Yes, I do.（はい、してます。）／No, I don't.（いいえ、してません。）

May I have your name, please?

Could you spell your name, please?

May I have your credit card and passport, please?

Fill out this card, please. / Could you fill out this registration card, please?

I'm afraid your room isn't ready yet.

Would you like the bellhop to take your luggage up to your room?

お名前をいただけますか？
返答例 ▶ Sure. Tanaka. (p.148)

お名前の綴りを言っていただけますか？
返答例 ▶ Sure. T-a-n-a-k-a. (p.148)

クレジットカードとパスポートをご提示ください。
返答例 ▶ Sure.（どうぞ。p.148）／ Here you are. ／ Here it is.（これです、どうぞ。p.154）

この宿泊カードに記入していただけますか？
返答例 ▶ Sure. (p.148) ／ All right. (p.152) ／ OK. (p.146)

まだお部屋の準備ができておりません。
返答例 ▶ No problem.（かまいません。p.176）／ How long is the wait?（どれぐらい待ちますか？ p.126）／ Would you keep my luggage till the check-in time?（チェックインまで荷物を預かってもらえますか？ p.106）

お部屋までベルボーイに荷物を運ばせますか？
返答例 ▶ Yes, please.（お願いします。）／ No, thank you.（けっこうです。p.166）／ No, I think I'm OK.（いえ、けっこうです。p.190）

レストランで

restaura

<ruby>Hi<rt>ハーイ</rt></ruby> <ruby>How<rt>ハウ</rt></ruby> <ruby>are<rt>アー</rt></ruby> <ruby>you<rt>ユー</rt></ruby> <ruby>today<rt>トゥデイ</rt></ruby>?

Hi. How are you today?

<ruby>Do<rt>ドゥ</rt></ruby> <ruby>you<rt>ユー</rt></ruby> <ruby>have<rt>ハヴァ</rt></ruby> <ruby>reservation<rt>レザヴェイション</rt></ruby>

Do you have a reservation?

<ruby>How<rt>ハウ</rt></ruby> <ruby>many<rt>メニ</rt></ruby> <ruby>people<rt>ピーポー</rt></ruby>?

How many people?

<ruby>Smoking<rt>スモーキン</rt></ruby> <ruby>or<rt>オー</rt></ruby> <ruby>non-smoking<rt>ノンスモーキン</rt></ruby>?

Smoking or non-smoking?

<ruby>What<rt>ワッ</rt></ruby> <ruby>would you<rt>ウッジュー</rt></ruby> <ruby>like<rt>ライク</rt></ruby> <ruby>to<rt>トゥ</rt></ruby> <ruby>drink<rt>ドリンク</rt></ruby>?

What would you like to drink?

<ruby>Ready<rt>レディ</rt></ruby> <ruby>to<rt>トゥ</rt></ruby> <ruby>order<rt>オーダー</rt></ruby>? /
<ruby>Are<rt>アー</rt></ruby> <ruby>you<rt>ユー</rt></ruby> <ruby>ready<rt>レディ</rt></ruby> <ruby>to<rt>トゥ</rt></ruby> <ruby>order<rt>オーダー</rt></ruby>

**Ready to order? /
Are you ready to order?**

1 これだけ聴ければ困らない

いらっしゃいませ。
返答例 Hi. (p.138) ／ Fine. ／ Good. (p.150)

ご予約でいらっしゃいますか？
返答例 Yes. (p.146) ／ No, I don't have a reservation. (いいえ、予約してません。)／ I made the reservation on the internet. (インターネットで予約しました。)

何名様ですか？
返答例 Just myself. (私ひとりです。)／ Two. (2人です。)／ We are three. (3人です。)

禁煙席と喫煙席、どちらになさいますか？
返答例 Non-smoking, please. (禁煙席をお願いします。p.66) ／ Either will do. (どちらでもいいです。p.228)

お飲み物は何になさいますか？
返答例 Could I have the wine list? (ワインリストをもらえますか？ p.72)／ A glass of red wine, please. (赤ワインをお願いします。p.66)

ご注文はお決まりですか？
返答例 Yes, I'll have a T-bone steak. (はい、Tボーンステーキをください。p.133)／ Could you give us a little more time, please? (あとで来ていただけますか？ p.106)／ What is today's special?(今日のスペシャルメニューって何ですか？p.118)

1 これだけ聴ければ困らない

How would you like your steak?

Anything else?

Is everything OK?

Would you like to have a box?

How will you be paying today?

Cash or credit card? / Cash or charge?

ステーキの焼き加減はいかがなさいますか？

返答例 Well done, please. (p.66)／I'd like it well done. (ウェルダンでお願いします。p.78)

ほかにご注文は？

返答例 That's all. (以上です。p.180)／
No, that's it. (それだけです。p.180)／
No, I'm OK. (いえ、けっこうです。)

お食事はいかがでしょうか？（何か必要なものはございますか？）

返答例 Fine. (大丈夫です。p.148)／Could I have extra plates? (取り皿をもらえますか？p.72)／Could we have some more bread? (もう少しパンをもらえますか？p.74)

お持ち帰りになさいますか？

返答例 Yes, please (お願いします。)／No, thank you. (けっこうです。p.166) ／No, I think I'm OK. (いえ、けっこうです。p.190)

お支払い方法はいかがなさいますか？

返答例 I'll pay by credit card. (クレジットカードで払います。p.132)／By cash. (現金で。)／Credit card. (クレジットカードで。)

現金払いですか？　クレジットカード払いですか？

返答例 Credit card.／Cash.

ファストフード店、カフェで
fast-food restaura

1 これだけ聴ければ困らない

May I help you?

What would you like to have? / What can I get for you?

With some whipped cream? / Would you like whipped cream?

Which size of coke would you like? Small, medium or large?

For here, or to go?

いらっしゃいませ。

返答例 One Cheeseburger, please.（チーズバーガーをください。p.68）／ Could I have a cheeseburger and a cup of coffee?（チーズバーガーとコーヒーをください。p.74）

ご注文をどうぞ。

返答例 One medium-size iced tea, please.（アイスティーのMをください。p.68）／ I'd like a large cappuccino.（カプチーノのLをください。p.80）

（飲み物に）ホイップクリームをのせますか？

返答例 Yes, please.（お願いします。）／ No, thank you.（いえ、けっこうです。p.166）／ Yes, a lot.（はい、たくさん。）

コーラのサイズはS、M、Lのどれにしますか？

返答例 Medium, please.（Mサイズでお願いします。p.68）／ I'd like medium.

こちらでお召し上がりですか、それともお持ち帰りですか？

返答例 Here will be fine.（ここがいいです。）／ For here.（ここで。p.68）／ To go.（持ち帰ります。p.68）

Shall I warm this muffin?

What would you like on your hamburgers?

トッピングにあたる単語がない。こういう表現で質問されるのが一般的。

Would you like mustard and ketchup?

Mustard and ketchup are there. Please help yourself.

Anything else?

That'll be three dollars. Here you are.

マフィンは、温めますか？

返答例 Yes, please.（お願いします。）／ No, that's OK.（いいえ、けっこうです。）／ Yes, a bit.（はい、ちょっとだけ。）

ハンバーガーのトッピングは何になさいますか？

返答例 With everything on it.（全部のっけて。）／ Without pickles, please.（ピクルス抜きでお願いします。p.68）

マスタードとケチャップもつけますか？

返答例 Yes, please.（お願いします。）／ Just mustard, please（マスタードだけ。）／ Just ketchup, please.（ケチャップだけ。）

マスタードとケチャップはあちらにございます。ご自由にお使いください。（セルフサービスでお願いします。）

返答例 All right.（p.152）／ OK.（p.146）

ご注文は以上ですか？

返答例 That's all.（以上です。p.180）／ No, that's it.（それだけです。p.180）

お会計は3ドルになります。お待たせいたしました。

返答例 Thank you.／ Thanks.（p.166）

ショッピングで

1 これだけ聴ければ困らない

May I help you?

**Are you looking for anything specific? /
Are you looking for anything particular? /
Are you looking for something?**

That looks good on you.

Would you like a paper bag / plastic bag?

**Paper or plastic? /
Paper or bag?**

Debit or credit?

デビットカードが一般的な国(たとえばアメリカ)などで、クレジットカードを出したときに、聞かれることがある。Credit. と答えればよい。

いらっしゃいませ。

返答例 Just looking. (見てるだけです。p.194)
／Yes, would you show me the bag in the window? (ウインドーのバッグを見せてもらえますか？ p.106)／Yes, I'm looking for jackets. (ジャケットを探しているんですが。p.90)

何かお探しですか？

返答例 No, I'm just looking. (p.194)／
Yes, I'm looking for liquor. (はい、お酒を探しています。p.88)

お似合いですよ。

返答例 Really? (本当？ p.158)／Thanks. (p.166)

紙袋／ビニール袋はご入り用ですか？

返答例 Yes, please. (はい、お願いします。) I'd like a plastic bag. (ビニール袋を。p.82)

紙袋がいいですか、ビニール袋がいいですか？

返答例 Paper bag, please. (p.70)／Paper.

デビットにしますか？ クレジットにしますか？

返答例 Credit. (クレジットカードで。)／Credit, please. (クレジットカードでお願いします。)

チケット売り場（劇場）で

May I help you?

Would you like the matinee or the evening show?

martinee とは昼の部のこと。

We have some seats in the orchestra and the mezzanine.

orchestra は1階席、mezzanine は2階席のこと。
first floor、second floor でも OK。

The orchestra are seventy dollars and the mezzanine are fifty-five dollars.

We have two seats together in the balcony.

balcony は3階席のこと。third floor でも OK。

How will you be paying?

いらっしゃいませ。
返答例 ▶ Yes, do you have any tickets for tonight? (はい、今夜のチケットはありますか？ p.86) ／ Yes, do you have any tickets for tomorrow night? (はい、明日の夜のチケットはありますか？ p.86)

昼と夜、どちらの券をお求めですか？
返答例 ▶ I'd like the matinee. (昼のチケットをください。 p.82) ／ The evening show. (夜のを。)

1階前列と2階正面に若干お席があります。
返答例 ▶ How much are they? (いくらですか？ p.124)

1階席は70ドル、2階席は55ドルです。
返答例 ▶ I'll buy an orchestra. (1階席にします。 p.132) ／ An orchestra, please. (p.70)

3階に（並んで）2席あります。
返答例 ▶ Do you? I'll have one. (そうですか、その席をください。 p.156、p.132) ／ How much are they? (p.124)

お支払い方法はいかがなさいますか？
返答例 ▶ I'll pay by credit card. (クレジットカードで払います。 p.132) ／ By cash. (現金で。) ／ Credit card. (クレジットカードで。)

Doors open at 7 p.m.

<ruby>Doors<rt>ドーアズ</rt></ruby> <ruby>open<rt>オープン</rt></ruby> <ruby>at<rt>アッ</rt></ruby> <ruby>7<rt>セヴン</rt></ruby> <ruby>p.m.<rt>ピーエム</rt></ruby>

1 これだけ聴ければ困らない

column 2　　　知っておきたい単語と表現

お金（アメリカドル）

〈硬貨＝ **coin**（コイン）〉

1 セント
one cent / penny
（ワン セン / ペニー）

5 セント
five cents / nickel
（ファイヴ センツ / ニクル）

10 セント
ten cents / dime
（テン センツ / ダイム）

25 セント
twenty five cents / quarter
（トゥエンティ ファイヴ センツ / クォーター）

※この他に 50 セント (**fifty cents / half dollar**) 硬貨と 100 セント (**one hundred cents / one dollar**) 硬貨がある。

記号は **$**　　　　　1 dollar ＝ 100 cents

$5.35
five dollars (and) thirty-five (cents) /
（ファイヴ ダラーズ エン サーティ ファイヴ センツ）
five thirty-five
（ファイヴ サーティ ファイヴ）

$10.42
ten dollars (and) forty-two (cents) /
（テン ダラーズ エン フォーティ トゥー センツ）
ten forty-two
（テン フォーティ トゥー）

開場は午後 7 時です。

返答例 All right, thank you.(p.152) ／ Thanks.(p.166)

〈紙幣＝ bill〉

1 ドル
one dollar

5 ドル
five dollars

10 ドル
ten dollars

20 ドル
twenty dollars

50 ドル
fifty dollars

100 ドル
one hundred dollars

$150.68

one hundred fifty dollars (and) sixty-eight (cents) /

one fifty and sixty-eight

column 3 知っておきたい単語と表現

聴きとりにくい国名・都市名

日本語	英語（読み）
アメリカ	**The United States of America**（ダ ユナイテッ ステイツ オヴ アメリカ）
イギリス	**The United Kingdom**（ダ ユナイテッ キングダム）
イタリア	**Italy**（イタリー）
ジェノバ	**Genoa**（ジェノア）
トリノ	**Turin**（トゥリン）
ナポリ	**Naples**（ネイプルス）
ベネチア	**Venice**（ヴェニス）
フィレンツェ	**Florence**（フローレンス）
ミラノ	**Milan**（ミラン）
オーストリア	**Austria**（オーストリア）
ウィーン	**Vienna**（ヴィエナ）
オランダ	**Netherlands**（ネダーランズ）
ギリシャ	**Greece**（グリース）
アテネ	**Athens**（アセンス）
スイス	**Switzerland**（スウィッツァランド）
ジュネーブ	**Geneva**（ジュニーヴァ）
チューリッヒ	**Zurich**（ズーリック）
チェコ共和国	**Czech Republic**（チェク リパブリック）
プラハ	**Prague**（プラーグ）
ドイツ	**Germany**（ジャーメニィ）
ミュンヘン	**Munich**（ミューニック）
トルコ	**Turkey**（ターキィ）
ベルギー	**Belgium**（ベルジャム）
ポルトガル	**Portugal**（ポーチュガル）
北京	**Beijing**（ベイジン）

Chapter 2
これだけでどんな場面でもいける魔法の万能フレーズ10

旅の会話に必要な、使いこなさなければならないフレーズなんて、意外と少ないものです。「〜をください」「〜をもらえますか?」「〜がしたいんですが」「〜はありますか?」「〜を探してるんですが」「〜はどこですか?」「〜してもらえますか?」「〜してもいいですか?」「これは〜ですか?」などなど。

この章に挙げた万能の10フレーズさえ言えるようにしておけば、旅行中に言いたいことの大半はカバーできるはずです。

なにより、スタートとしていちばん大事なのは、こういう言い方をしなければならないとか、文法的に正しいのはどれだろうとか、あれこれ考えないで、シンプルな言葉を発してみることです。水がほしいときは、Water, please でいいんです。たとえば、この please を使いこなすだけで、こんなにいろんなことが言えるんだってことを、この章を読んでぜひ発見してください。

……, please.

……、お願いします

バリエーション

空港で

チェックインしたいんですけど。

この荷物をお願いします。

(「～しましょうか」の質問に対して) はい、お願いします。

窓側の席をお願いします。

通路側の席をお願いします。

通路側から2席お願いします。

窓側から2席お願いします。

手荷物用タグをください。

機内で

水をください。

ミネラルウォーターをください。

スパークリングウォーターをください。

お湯をください。

コーヒーをください。

クリームをください。

砂糖をください。

point! "Please" なんて知ってるよ！と言われるかもしれないけど、これほどシンプルで万能な言葉を意外に多くの人が使えていません。くっつける単語さえ知っていれば、使い方次第でほとんどの用はこの言葉だけで済んでしまうし、余計なことを言い足すより、このほうがよほど通じます。

> 2 これだけでどんな場面でもいける魔法の万能フレーズ10

Check in, please.
チェッキン　プリーズ

This baggage, please.
ディス　バゲッジ　プリーズ

Yes, please.
イエス　プリーズ

A window seat, please.
ア　ウィンドウ　スィー　プリーズ

An aisle seat, please.
アン　ナイル　スィー　プリーズ

Two seats from the aisle, please.
トゥー　スィーツ　フロム　ディ　アイル　プリーズ

Two seats from the window, please.
トゥー　スィーツ　フロム　ダ　ウィンドウ　プリーズ

A baggage tag, please.
ア　バゲッジ　タグ　プリーズ

＊機内持込み用荷物に、名前を記入したタグを必ずつけなければならない国もある。

Water, please.
ウォーター　プリーズ

Mineral water, please.
ミネラル　ウォーター　プリーズ

Sparkling water, please.
スパークリン　ウォーター　プリーズ

Hot water, please.
ハッ　ウォーター　プリーズ

Coffee, please.
コフィ　プリーズ

Cream, please.
クリーム　プリーズ

Sugar, please.
シュガー　プリーズ

紅茶をください。

ミルクティーをください。

レモンティーをください。

コーラをください。

ジンジャーエールをください。

オレンジジュースをください。

トマトジュースをください。

グレープジュースをください。

リンゴジュースをください。

ビールをください。

白ワインをください。

赤ワインをください。

シャンペンをください。

ウイスキーのオンザロックをください。

ウイスキーの水割りをください。

バーボンをロックでください。

スコッチのソーダ割りをください。

ビーフをください。

チキンをください。

魚をください。

パスタをください。

日本語の新聞をください。

日本語の雑誌をください。

毛布をください。

これをください。
（実物かメニューやカタログ上の情報を指差して）

あれをください。（実物を指差して）

<ruby>Tea<rt>ティー</rt></ruby>, <ruby>please<rt>プリーズ</rt></ruby>.

<ruby>Tea<rt>ティー</rt></ruby> <ruby>with<rt>ウィズ</rt></ruby> <ruby>milk<rt>ミルク</rt></ruby>, <ruby>please<rt>プリーズ</rt></ruby>.

<ruby>Tea<rt>ティー</rt></ruby> <ruby>with<rt>ウィズ</rt></ruby> <ruby>lemon<rt>レモン</rt></ruby>, <ruby>please<rt>プリーズ</rt></ruby>.

<ruby>Coke<rt>コーク</rt></ruby>, <ruby>please<rt>プリーズ</rt></ruby>.

<ruby>Ginger ale<rt>ジンジャエル</rt></ruby>, please.

<ruby>Orange juice<rt>オーレンジュース</rt></ruby>, please.

<ruby>Tomato juice<rt>トメイトジュース</rt></ruby>, please.

<ruby>Grape juice<rt>グレイプジュース</rt></ruby>, please.

<ruby>Apple juice<rt>アポージュース</rt></ruby>, please.

<ruby>Beer<rt>ビヤ</rt></ruby>, <ruby>please<rt>プリーズ</rt></ruby>.
＊英語の発音は「ビール」ではなく「ビヤ」に近い。

<ruby>White<rt>ワイ</rt></ruby> <ruby>wine<rt>ワイン</rt></ruby>, please.

<ruby>Red<rt>レッ</rt></ruby> <ruby>wine<rt>ワイン</rt></ruby>, please.

<ruby>Champagne<rt>シャンペイン</rt></ruby>, please.

<ruby>Whiskey<rt>ウィスキー</rt></ruby> <ruby>on<rt>オン</rt></ruby> <ruby>the<rt>ダ</rt></ruby> <ruby>rocks<rt>ロックス</rt></ruby>, please.

<ruby>Whiskey<rt>ウィスキー</rt></ruby> <ruby>and<rt>エン</rt></ruby> <ruby>water<rt>ウォーター</rt></ruby>, please.

<ruby>Bourbon<rt>バーボン</rt></ruby> <ruby>on<rt>オン</rt></ruby> <ruby>the<rt>ダ</rt></ruby> <ruby>rocks<rt>ロックス</rt></ruby>, please.

<ruby>Scotch<rt>スコッチ</rt></ruby> <ruby>and<rt>エン</rt></ruby> <ruby>soda<rt>ソーダ</rt></ruby>, please.

<ruby>Beef<rt>ビーフ</rt></ruby>, please.

<ruby>Chicken<rt>チキン</rt></ruby>, please.

<ruby>Fish<rt>フィッシュ</rt></ruby>, please.

<ruby>Pasta<rt>パスタ</rt></ruby>, please.

<ruby>Japanese newspaper<rt>ジャパニーズニューズペイパー</rt></ruby>, please.

<ruby>Japanese magazine<rt>ジャパニーズマガズィン</rt></ruby>, please.

<ruby>Blanket<rt>ブランケッ</rt></ruby>, please.

<ruby>This<rt>ディス</rt></ruby> <ruby>one<rt>ワン</rt></ruby>, please.

<ruby>That<rt>ダッ</rt></ruby> <ruby>one<rt>ワン</rt></ruby>, please.

両替所で

両替をお願いします。

ドルに両替してください。(円の紙幣を出しながら)

高額紙幣でお願いします。

小額紙幣でお願いします。

タクシーで

ABC ホテルまでお願いします。

ABC ホテルまでお願いします。

ここで降ろしてください。

2 ドル、返してください。(10 ドル札を出し、チップを含めて 8 ドルを払いたい場合。)

レンタカー

小型車がいいんですが。

中型車がいいんですが。

大型車がいいんですが。

オートマ車がいいんですが。

スポーツタイプの車がいいです。

キャンピングカーがいいです。

キャンピングカーがいいです。

ホテルで

チェックインしたいのですが。

予約をお願いします。(ホテルへの電話で)

Money exchange, please.
Change this into dollars, please.
Large bills, please.
Small bills, please.

ABC Hotel, please.
To the ABC Hotel, please.
Let me off here, please.
Two dollars back, please.

A compact car, please.
A mid-sized car, please.
A full-sized car, please.
An automatic car, please.
An SUV, please.
A camper, please. (米)
A recreational vehicle, please. (米)

Check in, please.
Reservations, please.

レストランで

禁煙席をお願いします。

喫煙席をお願いします。

メニューをお願いします。

生ビールをください。

ワインリストをお願いします。

赤ワインをグラスでください。

ロゼワインをグラスでください。

白ワインをグラスでください。

スパークリングワインをグラスでください。

ジントニックをください。

ジンフィズをください。

ダイキリをください。

マティーニをください。

カンパリソーダをください。

ウイスキーをシングルでください。

ウイスキーをダブルでください。

ブランデーをください。

スコッチをください。

(肉の焼き方は) レアでお願いします。

(肉の焼き方は) ミディアムレアでお願いします。

(肉の焼き方は) ミディアムでお願いします。

(肉の焼き方は) ウェルダンでお願いします。

持ち帰りにしてください。

お勘定をお願いします。

Non-smoking, please.

Smoking, please.

The menu, please.

Draft beer, please.

The wine list, please.

A glass of red wine, please.

A glass of rosé wine, please.

A glass of white wine, please.

A glass of sparkling wine, please.

Gin and tonic, please.

Gin fizz, please.

Daiquiri, please.

Martini, please.

Campari soda, please.

Single whiskey, please.

Double whiskey, please.

Brandy, please.

Scotch, please.

Rare, please.

Medium rare, please.

Medium, please.

Well done, please.

Doggy bag, please.

Bill, please.

ファストフード店、カフェで

ハンバーガーをください。

チーズバーガーをください。

ホットドッグをふたつください。

Sサイズのフライドポテトをください。

フライドチキン2個入りのセットメニューをください。

セットメニュー8番をください。コーラはLで。

セットメニューBをください。

オニオンリングのMサイズをください。

アイスコーヒーのトールをください。

ココアのSをください。ホイップクリーム入りで。

アイスティーのMをください。

レモネードのLをください。

持ち帰りにします。

持ち帰りにします。

持ち帰りにします。

ここで食べます。

ここで食べます。

Sサイズでお願いします。

Mサイズでお願いします。

Lサイズでお願いします。

ケチャップをお願いします。

マヨネーズをお願いします。

マスタードをお願いします。

ピクルス抜きでお願いします。

One hamburger, please.
One cheeseburger, please.
Two hot dogs, please.
Small French fries, please.
Fried Chicken Two-Piece Meal, please.
Value Meal Number Eight with a large coke, please.
Combo B, please.
Medium-size onion rings, please.
A tall iced coffee, please. *一部のチェーン店を除いて一般的ではない。
A small hot chocolate with whipped cream, please.
One medium-size iced tea, please.
One large lemonade, please.
To go, please. *主にアメリカでの言い方。
To take out, please. *主にアメリカでの言い方。
To take away, please. *主にイギリス、オーストラリア、ニュージーランドでの言い方。
For here, please. *主にアメリカでの言い方。
Eat in, please. *主にイギリス、オーストラリア、ニュージーランドでの言い方。
Small, please.
Medium, please.
Large, please.
Ketchup, please.
Mayonnaise, please.
Mustard, please.
Without pickles, please.

ショッピングで

ビニール袋をください。

紙袋をください。

チケット売り場(劇場)で

座席表を見せてください。

1階席をお願いします。

2階席をお願いします。

3階席をお願いします。

1階席をお願いします。

2階席をお願いします。

3階席をお願いします。

---

2 これだけでどんな場面でもいける魔法の万能フレーズ10

---

column 4　　　　知っておきたい単語と表現

お金（イギリスポンド）

| 記号は £ | 1 pound = 100 pence（パウンド＝ペンス） |

〈硬貨＝ coin（コイン）〉

1 ペニー	one penny（ワン ペニー）
2 ペンス	two pence（トゥー ペンス）
5 ペンス	five pence（ファイヴ ペンス）
10 ペンス	ten pence（テン ペンス）
20 ペンス	twenty pence（トゥエンティ ペンス）
50 ペンス	fifty pence（フィフティ ペンス）
1 ポンド	one pound（ワン パウンド）
2 ポンド	two pounds（トゥー パウンズ）

プラスティック バーグ ブリーズ
Plastic bag, please.

ペイパー バーグ ブリーズ
Paper bag, please.

ア スィーティン チャート ブリーズ
A seating chart, please.

ア ノーケストラ スィー ブリーズ
An orchestra (seat), please. （米）

ア メザニン スィー ブリーズ
A mezzanine (seat), please. （米）

ア バルコニー スィー ブリーズ
A balcony (seat), please. （米）

ア ストール スィー ブリーズ
A stall seat, please. （英）

ア ドレス サークル スィー ブリーズ
A dress circle (seat), please. （英）

ア バルコニー スィー ブリーズ
A balcony (seat), please. （英）

* **first**、**second**、**third floor** でもかまわない。

〈紙幣＝ ビル **bill**〉

5 ポンド	ファイヴ パウンズ **five pounds**
10 ポンド	テン パウンズ **ten pounds**
20 ポンド	トゥエンティ パウンズ **twenty pounds**
50 ポンド	フィフティ パウンズ **fifty pounds**

£5.35

ファイヴ パウンズ エン サーティ ファイヴ ペンス
five pounds (and) thirty-five (pence) /

ファイヴ サーティ ファイヴ
five thirty-five

£150.68

ワン ハンドレッ フィフティ パウンズ エン スィックスティ エイ ペンス
one hundred fifty pounds (and) sixty-eight (pence) /

ワン フィフティ エン スィックスティ エイ
one fifty and sixty-eight

Could I have ……?

…… をもらえますか?

バリエーション

空港で

手荷物タグをもらえますか?

機内で

ビールをもらえますか?

毛布をもらえますか?

毛布をもう1枚もらえますか?

日本語の新聞か雑誌をもらえますか?

入国カードと税関申告書をもらえますか?

ホテルで

市内地図をもらえますか?

鍵をもらえますか?

レストランで

日本語のメニューをもらえますか?

ワインリストをもらえますか?

取り皿をもらえますか?

point! 注文するときや、何かほしいものを言うときに、"……, please" だけではちょっと気がひける、慣れてきたからもう少し丁寧な言い方をしたい、というときは "Could I have……?" という表現を使おう。

Could I have a baggage tag?

Could I have a beer?

Could I have a blanket?

Could I have an extra blanket?

Could I have Japanese newspapers or magazines?

Could I have an immigration card and a customs declaration form?

Could I have a city map?

Could I have a key?

Could I have a Japanese menu?

Could I have the wine list?

Could I have extra plates?

もう少しパンをもらえますか？

ファストフード店、カフェで

チーズバーガーとコーヒーをください。

モカフラペチーノ®のトールをください、ホイップクリームをのせて。

カフェラテのSをください。

カフェオレのMをください。

カプチーノのLをください。

豆乳ラテをください。

豆乳カプチーノをください。

ブルーベリーマフィンをください。

スコーンをください。

ショッピングで

館内の案内図をもらえますか？

領収書をもらえますか？

駅で

路線図をもらえますか？

地下鉄の路線図をもらえますか？

Could I have some more bread?
_{クダイ ハヴァ サモア ブレッ}

Could I have a cheeseburger and a cup of coffee?
_{クダイ ハヴァ チーズバガー エンナ カップ オヴ コフィ}

Could I have a tall mocha Frappuccino® with whipped cream?
_{クダイ ハヴァ トール モカ フラパチーノ ウィズ ウィップ クリーム}

Could I have a small caffè latte?
_{クダイ ハヴァ スモール キャフェ ラテ}

Could I have a medium café au lait?
_{クダイ ハヴァ ミディアム キャフェ オー レ}

Could I have a large cappuccino?
_{クダイ ハヴァ ラージ カプチーノ}

Could I have a soy latte?
_{クダイ ハヴァ ソイ ラテ}

Could I have a soy cappuccino?
_{クダイ ハヴァ ソイ カプチーノ}

Could I have a blueberry muffin?
_{クダイ ハヴァ ブルーベリー マフィン}

Could I have a scone?
_{クダイ ハヴァ スコーン}

Could I have a floor guide?
_{クダイ ハヴァ フロア ガイ}

Could I have a receipt?
_{クダイ ハヴァ リスィー}

Could I have a route map?
_{クダイ ハヴァ ルー マップ}

Could I have a subway map?
_{クダイ ハヴァ サブウェイ マップ}

I'd like to ……. / I'd like …….

…… したいのですが／
…… をいただきたいのですが

バリエーション

空港で

窓側の席がいいのですが。

通路側の席がいいのですが。

隣同士に座りたいのですが。

窓側から並びの2席がいいのですが。

通路側から並びの2席がいいのですが。

機内で

コーヒーをいただけますか。

オレンジジュースをいただけますか。

ビーフにします。

チキンにします。

魚にします。

両替所で

両替したいのですが。

5万円をドルに両替したいのですが。

point! 自分がしたいこと、自分がほしいものを相手に伝えるときの表現。"Water, please." を使いこなせるようになったら、"Could I have some water?" に加えて "I'd like some water." など、より丁寧に頼むときの言い方も使ってみよう。自分たちが複数なら、もちろん "We'd like (to) …." になる。

I'd like a window seat.

I'd like an aisle seat.

We'd like to sit together.

We'd like to have seats together on the window.

We'd like to have seats together on the aisle.

I'd like some coffee.

I'd like some orange juice.

I'd like beef.

I'd like chicken.

I'd like fish.

I'd like to exchange money.

I'd like to change fifty thousand yen into dollars.

レンタカー

3日間車を借りたいのですが。

保険は全部つけたいです。

レストランで

今夜8時、2名で予約をしたいのですが。(予約の電話の場合)

ワインリストをいただきたいのですが。

魚にします。(コース料理のメインで、肉か魚を選ぶときなどに)

コンソメスープにします。

オニオングラタンスープにします。

ミネストローネにします。

シーザーサラダにします。

コールスローにします。

ミックスサラダにします。

シェフ特製サラダにします。

ステーキにします。

サーロインにします。

ティーボーンにします。

ステーキの焼き具合はレアでお願いします。

ステーキの焼き具合はミディアムレアでお願いします。

ステーキの焼き具合はミディアムでお願いします。

ステーキの焼き具合はウェルダンでお願いします。

鮭のムニエルにします。

魚のフライにします。

グラタンにします。

ブイヤベースにします。

アイド ライク トゥ レン フォ スリー デイズ
I'd like to rent for three days.

アイド ライク トゥ テイク オール インシュランス オプションズ
I'd like to take all insurance options.

アイド ライク トゥ メイカ レザヴェイション フォ トゥ アッ エイ トゥナイ
I'd like to make a reservation for two at eight tonight.

アイド ライク ダ ワイン リス
I'd like the wine list.

アイド ライク フィッシュ
I'd like fish.

アイド ライク コンソメイ
I'd like consommé.

アイド ライク フレンチ オニオン スープ
I'd like French onion soup.

アイド ライク ミネストロウニ
I'd like minestrone.

アイド ライク スィーザ サラッ
I'd like Caesar's salad.

アイド ライク コウスロー
I'd like coleslaw.

アイド ライク ミクスト サラッ
I'd like mixed salad.

アイド ライク シェフズ サラッ
I'd like Chef's salad.

アイド ライカ ステイク
I'd like a steak.

アイド ライク サーロイン
I'd like sirloin.

アイド ライク ティーボーン
I'd like T-bone.

アイド ライク マイ ステイク レア
I'd like my steak rare.

アイド ライク マイ ステイク ミディアム レア
I'd like my steak medium rare.

アイド ライク マイ ステイク ミディアム
I'd like my steak medium.

アイド ライキット ウェル ダン
I'd like it well done.

アイド ライク サーモン ミュニエール
I'd like salmon meunière.

アイド ライク フライド フィッシュ
I'd like fried fish.

アイド ライク グラタン
I'd like gratin.

アイド ライク ブイヤベイス
I'd like bouillabaisse.

スクランブルエッグにします。

目玉焼きにします。(片面だけ焼いてくださいというとき)

目玉焼きにします。

オムレツにします。

シリアルにします。

デザートをいただきたいのですが。

果物にします。

アイスクリームにします。

シャーベットにします。

プリンにします。

ストロベリームースにします。

チーズケーキにします。

クレープにします。

ファストフード店、カフェで

チーズバーガーとコーヒーをください。

カフェラテのSをください。

カフェオレのMをください。

カプチーノのLをください。

豆乳ラテをください。

豆乳カプチーノをください。

ブルーベリーマフィンをください。

スコーンをください。

ショッピングで

これ、試着したいんですが。

<ruby>I'd<rt>アイド</rt></ruby> <ruby>like<rt>ライク</rt></ruby> <ruby>scrambled<rt>スクランブルド</rt></ruby> <ruby>eggs<rt>エッグズ</rt></ruby>.
I'd like scrambled eggs.

<ruby>I'd<rt>アイド</rt></ruby> <ruby>like<rt>ライカ</rt></ruby> <ruby>sunny<rt>サニー</rt></ruby> <ruby>side up<rt>サイダップ</rt></ruby>.
I'd like a sunny-side up.

I'd like fried eggs.

I'd like omelet.

I'd like cereal.

I'd like some dessert.

I'd like some fruit.

I'd like ice cream.

I'd like sherbet.

I'd like pudding.

I'd like strawberry mousse.

I'd like cheesecake.

I'd like crepes.

I'd like a cheeseburger and a cup of coffee.

I'd like a small caffè latte.

I'd like a medium-size café au lait.

I'd like a large cappuccino.

I'd like a soy latte.

I'd like a soy cappuccino.

I'd like a blueberry muffin.

I'd like a scone.

I'd like to try this on.

この靴がいいです。

このTシャツ、いただきます。

ビニール袋をいただけますか。

これを返品したいのですが。

チケット売り場(劇場)で

1階席をお願いします。

2階席をお願いします。

3階席をお願いします。

1階席をお願いします。

2階席をお願いします。

3階席をお願いします。

---

column 5　　知っておきたい単語と表現

お金(ユーロ)

記号は **€**	ユーロ　　　　ユーロ センツ　センツ **1 euro = 100 euro cents / cents**
〈硬貨= コイン **coin**〉	
5ユーロセント	ファイヴ ユーロ センツ　センツ **five euro cents / cents**
10ユーロセント	テン ユーロ センツ　センツ **ten euro cents / cents**
20ユーロセント	トゥエンティ ユーロ センツ　センツ **twenty euro cents / cents**
1ユーロ	ワン ユーロ **one euro**
2ユーロ	トゥー ユーロズ **two euros**
〈紙幣= ビル **bill**〉	
5ユーロ	ファイヴ ユーロズ **five euros**
10ユーロ	テン ユーロズ **ten euros**

<ruby>I'd<rt>アイド</rt></ruby> <ruby>like<rt>ライク</rt></ruby> <ruby>to<rt>トゥ</rt></ruby> <ruby>have<rt>ハヴ</rt></ruby> <ruby>these<rt>ディーズ</rt></ruby> <ruby>shoes<rt>シューズ</rt></ruby>.
I'd like to have these shoes.

<ruby>I'd<rt>アイド</rt></ruby> <ruby>like<rt>ライク</rt></ruby> <ruby>to<rt>トゥ</rt></ruby> <ruby>buy<rt>バイ</rt></ruby> <ruby>this<rt>ディス</rt></ruby> <ruby>T-shirt<rt>ティーシュー</rt></ruby>.
I'd like to buy this T-shirt.

<ruby>I'd<rt>アイド</rt></ruby> <ruby>like<rt>ライカ</rt></ruby> <ruby>a plastic<rt>プラスティック</rt></ruby> <ruby>bag<rt>バーグ</rt></ruby>.
I'd like a plastic bag.

<ruby>I'd<rt>アイド</rt></ruby> <ruby>like<rt>ライク</rt></ruby> <ruby>to<rt>トゥ</rt></ruby> <ruby>return<rt>リターン</rt></ruby> <ruby>this<rt>ディス</rt></ruby>.
I'd like to return this.

I'd like an orchestra (seat), please. (米)

I'd like a mezzanine (seat), please. (米)

I'd like a balcony (seat), please. (米)

I'd like a stall seat, please. (英)

I'd like a dress circle (seat), please. (英)

I'd like a balcony (seat), please. (英)

---

20 ユーロ	**twenty euros**
50 ユーロ	**fifty euros**
100 ユーロ	**one hundred euros**
200 ユーロ	**two hundred euros**
500 ユーロ	**five hundred euros**

€ 5.35

five euros (and) thirty-five (euro cents / cents) /

five thirty-five

€ 10.42

ten euros (and) forty-two (euro cents / cents) /

ten forty-two

Do you have ……?

……はありますか?

バリエーション

機内で

日本語の新聞か雑誌はありますか?

(免税品販売のカタログを指さして)これはありますか?

レンタカー

オープンカーはありますか?

オートマ車はありますか?

ホテルで

今晩、ツインルームの部屋は空いていますか?

空港への送迎サービスはありますか?

宿泊客用のインターネット接続はありますか?

インターネットにアクセスできる宿泊客用パソコンはありますか?

レストランで

日本語のメニューはありますか?

point! 機内やお店で、自分のほしいものがあるかどうか確かめるときには、ずばり "Do you have……?" で聞けばいい。ホテルの部屋の空き状況を聞いたり、サービス内容を確かめるときも、"Do you have……" で OK。

Do you have Japanese newspapers or magazines?

Do you have this one?

Do you have convertibles?

Do you have automatic cars?

Do you have a twin room for tonight?

Do you have a shuttle service to the airport?

Do you have a broadband Internet connection for guest use?

Do you have computers with Internet access available for guest use?

Do you have a Japanese menu?

ベジタリアン料理はありますか?

半分の量で出してもらえますか?

地ビールはありますか?

ショッピングで

財布はありますか?

ジャケットはありますか?

(ある商品を指さして)赤はありますか?

半そでのシャツはありますか?

ほかの色はありますか?

ほかの柄はありますか?

明るめ(暗め)の色はありますか?

これでもっと小さめのサイズはありますか?

長袖のTシャツはありますか?

丸首のセーターはありますか?

Vネックのセーターはありますか?

ハイネックのセーターはありますか?

袖なしのブラウスはありますか?

チケット売り場(劇場)で

当日券はありますか?

明日のチケット、2枚とれますか?

明日の昼の部のチケットはありますか?

明日の夜の部のチケットはありますか?

明日の夜の部のチケットはありますか?

Do you have any vegetarian dishes?

Do you have a half portion?

Do you have local beers?

Do you have wallets?

Do you have jackets?

Do you have this in red?

Do you have half sleeved shirts?

Do you have another color?

Do you have another print?

Do you have a lighter (darker) color?

Do you have this in a smaller size?

Do you have long sleeved T-shirts?

Do you have round neck sweaters?

Do you have v-neck sweaters?

Do you have high neck sweaters?

Do you have sleeveless blouses?

Do you have tickets for today?

Do you have two tickets for tomorrow?

Do you have matinee tickets for tomorrow?

*劇場関係の用語（もとはフランス語）で、昼の部を matinee、夜の部を soiree と呼ぶ。matinee は毎日あるわけではなく、夜の部よりもお得な値段設定である場合が多い。

Do you have soiree tickets for tomorrow?

Do you have tickets for tomorrow evening?

I'm looking for……?

…… を探しているんですが

バリエーション

空港で

エレベーターを探しているんですが。

ABC 航空のチェックイン・カウンターを探しているんですが。

両替所を探しているんですが。

ATM を探しているんですが。

トイレを探しているんですが。

街で

駅を探しているんですが。

インフォメーションセンターを探しているんですが。

地下鉄の駅を探しているんですが。

ショッピングで

スナック類を探しているんですが。

フルーツを探しているんですが。

飲み物を探しているんですが。

お酒を探しているんですが。

point! "Where is……?" と同じで、場所をたずねるときに使える表現。自分が買いたいものが、その店にあるかどうかわからないようなときに、「……がほしいんだけど、あるかな」というニュアンスで使うにも便利だ。

I'm looking for the elevator.
I'm looking for ABC Airlines check-in counter.
I'm looking for the money exchange booth.
I'm looking for the ATM machine.
I'm looking for the restroom.

I'm looking for the station.
I'm looking for the tourist information center.
I'm looking for the subway station.

I'm looking for snacks.
I'm looking for fresh fruit.
I'm looking for beverages.
I'm looking for liquor.

缶詰を探しているんですが。

シリアルを探しているんですが。

かばんを探しているんですが。

アウトドア用品を探しているんですが。

化粧品を探しているんですが。

お土産を探しているんですが。

自分用のジャケットを探しているんですが。

紳士服を探しているんですが。

婦人服を探しているんですが。

紳士靴を探しているんですが。

婦人靴を探しているんですが。

ジャケットを探しているんですが。

トレーナーを探しているんですが。

ポロシャツを探しているんですが。

Tシャツを探しているんですが。

ワイシャツを探しているんですが。

スラックスを探しているんですが。

パンツを探しているんですが。

チノパンを探しているんですが。

ジーパンを探しているんですが。

ブレザーを探しているんですが。

コートを探しているんですが。

水着を探しているんですが。

水着を探しているんですが。

ブラウスを探しているんですが。

ワンピースを探しているんですが。

<ruby>I'm looking<rt>アイム ルッキン</rt></ruby> <ruby>for<rt>フォー</rt></ruby> <ruby>canned<rt>キャンド</rt></ruby> <ruby>food<rt>フード</rt></ruby>.
I'm looking for canned food.

<ruby>I'm looking<rt>アイム ルッキン</rt></ruby> <ruby>for<rt>フォー</rt></ruby> <ruby>cereals<rt>スィリアルズ</rt></ruby>.
I'm looking for cereals.

<ruby>I'm looking<rt>アイム ルッキン</rt></ruby> <ruby>for<rt>フォー</rt></ruby> <ruby>bags<rt>バーグズ</rt></ruby> <ruby>(handbags)<rt>ハンバーグズ</rt></ruby>.
I'm looking for bags (handbags).

I'm looking for outdoor products.

I'm looking for cosmetics.

I'm looking for gifts and souvenirs.

I'm looking for a jacket for myself.

I'm looking for men's clothing.

I'm looking for women's clothing.

I'm looking for men's shoes.

I'm looking for women's shoes.

I'm looking for jackets.

I'm looking for sweatshirts.

I'm looking for polo shirts.

I'm looking for T-shirts.

I'm looking for dress shirts.

I'm looking for slacks.

I'm looking for pants.

I'm looking for chinos.

I'm looking for jeans.

I'm looking for blazers.

I'm looking for coats.

I'm looking for swimsuits.

I'm looking for bathing suits.

I'm looking for blouses.

I'm looking for dresses.

スカートを探しているんですが。

くつ下を探しているんですが。

ストッキングを探しているんですが。

column 6　知っておきたい単語と表現

空港

日本語	英語（カタカナ）
航空券	ticket（ティケッ）
搭乗券	boarding pass（ボーディン パス）
到着	arrival（アライヴァル）
出発	departure（ディパーチャー）
セキュリティチェック	security check（セキュリティ チェック）
入国管理	immigration（イミグレイション）
ゲート	gate（ゲイ）
離陸	take off（テイ コフ）
着陸	landing（ランディン）
便名	flight number（フライト ナンバー）
出発時間	departure time（ディパーチャー タイム）
到着時間	arrival time（アライヴァル タイム）
飛行時間	flying time（フライン タイム）
現地時間	local time（ローコー タイム）
時差	time difference（タイム ディファレンス）
目的地	destination（デスティネーション）
定刻	on time（オン タイム）
遅延	delay（ディレイ）
トランジット（一時寄港）	transit（トランズィッ）
乗り継ぎ	transfer（トランスファー）

I'm looking for skirts.
アイム ルッキン フォー スカーツ

I'm looking for socks.
アイム ルッキン フォー ソックス

I'm looking for stockings.
アイム ルッキン フォー ストッキングズ

---

column 7　知っておきたい単語と表現

ATM

言語	**LANGUAGE** （ラングエジ）
暗証番号	**PIN** (Personal Identification Number) （ピン）
確認	**ENTER** （エンター）
訂正	**CLEAR** （クリアー）
取り消し	**CANCEL** （キャンセル）
取引	**TRANSACTION** （トランザクション）
総額	**AMOUNT** （アマウン）
現金引き出し	**CASH ADVANCE** （キャッシュ アドヴァンス） / **GET CASH** （ゲッ キャッシュ）
普通預金	**SAVINGS ACCOUNT** （セイヴィングス アカウン）
当座預金	**CURRENT ACCOUNT** （カレン アカウン）
引き出し	**WITHDRAWAL** （ウィズドローワル）
残高照会	**BALANCE INQUIRY** （バランス インクワイアリー）
振り替え	**TRANSFER** （トランスファー）
引き出し総額	**WITHDRAWAL AMOUNT** （ウィズドローワル アマウン）
カードを挿入	**PLEASE INSERT YOUR CARD** （プリーズ インサー ヨー カー）
暗証番号を入力	**ENTER PIN** （エンター ピン）
カードとレシートを取る	**TAKE YOUR CARD AND RECEIPT** （ティクヨー カード エン リスィー）

2 これだけでどんな場面でもいける魔法の万能フレーズ10

Where is……?

…… はどこですか?

バリエーション

空港で

両替所はどこですか?

ここからいちばん近い銀行はどこですか?

ABC 航空のチェックインカウンターはどこですか?

ATM はどこでしょう?

機内で

私の席はどこでしょう?

ホテルで

プールはどこにありますか?

スパ(エステ)はどこにありますか?

ジムはどこにありますか?

美容院はどこにありますか?

ビジネスセンターはどこにありますか?

自動販売機はどこにありますか?

製氷機はどこにありますか?

コインランドリーはどこにありますか?

> **point!** 場所を聞くときには、"Where is……?" だ。どこどこへの行き方を教えてほしいとか、難しい表現を考えすぎずに、ずばっと聞いてしまおう。

2 これだけでどんな場面でもいける魔法の万能フレーズ10

Where is the money exchange booth?

Where is the nearest bank from here?

Where is the ABC Airlines check-in counter?

Where is the ATM machine?

Where is my seat?

Where is the swimming pool?

Where is the spa?

Where is the gym?

Where is the beauty salon?

Where is the business center?

Where is the vending machine?

Where is the ice dispenser?

Where is the coin washer?

コインランドリーはどこにありますか？

コインロッカーはどこにありますか？

レストランで

化粧室はどこですか？

ショッピングで

婦人服はどこですか？

タクシー乗り場はどこですか？

レジはどこですか？

化粧室はどこですか？

エレベーターはどこですか？

エスカレーターはどこですか？

試着室はどこですか？

街で

いちばん近い地下鉄の駅はどこですか？

旅行案内所はどこですか？

Where is the Laundromat (laundrette)?

Where is the locker?

Where is the restroom?

Where is women's clothing?

Where is the taxi stand?

Where is the cash register (checkout counter)?

Where is the restroom?

Where is the elevator?

Where is the escalator?

Where is the dressing room (fitting room / changing room)?

Where is the nearest subway station?

Where is the tourist information center?

Is there ……?

…… はありますか?

バリエーション

空港で

観光案内所はありますか?

レンタカー

この近くにガソリンスタンドはありますか?

ホテルで

ダウンタウンまでの無料のシャトルバスはありますか?

この近くにショッピングモールはありますか?

この近くに書店はありますか?

この近くにインターネットカフェはありますか?

この近くに免税店はありますか?

この近くにアウトレットモールはありますか?

この近くにデパートはありますか?

この近くにコンビニはありますか?

この近くにドラッグストアはありますか?

この近くにスーパーはありますか?

point! ホテル周辺の施設やアトラクションの有無を聞くときに便利な表現。Is there ……? Are there ……? なんて中学校で習ったきりの簡単なフレーズも、こんなに実用的に使いこなせるものなんだ。

2 これだけでどんな場面でもいける魔法の万能フレーズ10

Is there a tourist information counter?
イズ デア ラ トゥアリス インフォメイション カウンター

Is there a gas station near here?
イズ デア ラ ギャステイション ニア ヒア

Is there a free shuttle bus for downtown?
イズ デア ラ フリー シャトル バス フォー ダウンタウン

Is there a shopping mall around here?
イズ デア ラ ショッピン モール アラウンディア

Is there a book store around here?
イズ デア ラ ブック ストア アラウンディア

Is there an Internet café around here?
イズ デア アン インターネッ キャフェ アラウンディア

Is there a duty-free shop around here?
イズ デア ラ デューティフリー ショップ アラウンディア

Is there an outlet mall around here?
イズ デア アン アウッレッ モール アラウン ディア

Is there a department store around here?
イズ デア ラ ディパートメン ストア アラウン ディア

Is there a convenience store around here?
イズ デア ラ コンヴィーニエンスストア アラウン ディア

Is there a drugstore around here?
イズ デア ラ ドラッグストア アラウンディア

Is there a supermarket around here?
イズ デア ラ スーパーマーケッ アラウンディア

この近くにパン屋はありますか?

この近くに食料品店はありますか?

この近くに酒屋はありますか?

この近くに菓子店はありますか?

この近くに靴屋はありますか?

この近くにブティックはありますか?

この近くに文具店はありますか?

この近くにスポーツ用品店はありますか?

この近くにアウトドア用品店はありますか?

この近くに薬局はありますか?

この近くに CD ショップはありますか?

この近くにメガネ屋はありますか?

この近くに郵便局はありますか?

この近くに日本食レストランはありますか?

この近くにステーキハウスはありますか?

この近くにフランス料理レストランはありますか?

この近くにイタリア料理レストランはありますか?

この近くに韓国料理レストランはありますか?

この近くにスペイン料理レストランはありますか?

この近くにメキシコ料理レストランはありますか?

この近くに中国料理レストランはありますか?

Is there a bakery around here?

Is there a grocery store around here?

Is there a liquor shop around here?

Is there a confectionery store around here?

Is there a shoe store around here?

Is there a boutique around here?

Is there a stationery shop around here?

Is there a sports shop around here?

Is there an outdoor product store around here?

Is there a pharmacy around here?

Is there a CD shop around here?

Is there an optician around here?

Is there a post office around here?

Is there a Japanese restaurant around here?

Is there a steak house around here?

Is there a French restaurant around here?

Is there an Italian restaurant around here?

Is there a Korean restaurant around here?

Is there a Spanish restaurant around here?

Is there a Mexican restaurant around here?

Is there a Chinese restaurant around here?

この近くに地元の料理のレストランはありますか?

ショッピングで

セールは、やっていますか?

---

column 8　　知っておきたい単語と表現

ホテル

ロビー	lobby (ロビー)
フロント	reception (リセプション)
客室係	housekeeping staff (ハウスキーピン スタッフ)
ベルボーイ	porter / bellboy (ポーター／ベルボーイ)
貴重品	valuables (ヴァリュアブルズ)
プール	swimming pool (スウィミン プール)
スパ (エステ)	spa (スパ)
ジム	gym (ジム)
自動販売機	vending machine (ヴェンディン マシーン)
製氷機	ice dispenser (アイス ディスペンサー)
1階	first floor (米) / ground floor (英) (ファースト フロア／グラウン フロア)
2階	second floor (米) / first floor (英) (セカンド フロア／ファースト フロア)
地下	basement (ベイスメン)
駐車場	parking (パーキン)
コインランドリー	Laundromat / coin washer (ロンドロマッ／コイン ウォッシャー)
冷蔵庫	refrigerator / fridge (リフリジレイター／フリッジ)
電子レンジ	microwave oven (マイクロウェイヴ オーヴン)
フライパン	frying pan / skillet (フライ パン／スキレッ)
鍋	pan / pot (パン／ポッ)

2 これだけでどんな場面でもいける魔法の万能フレーズ10

Is there a local food restaurant around here?
イズ デア ラ ローカル フード レストラン アラウン ディア

Is there a sale on now?
イズ デア ラ セイロン ナウ

2 これだけでどんな場面でもいける魔法の万能フレーズ10

コーヒーメーカー	coffee machine (コフィ マシーン)
コンセント	outlet (アウッレッ)
セーフティボックス	safety deposit box (セイフティ ディポーズィッ ボックス)
エアコン	air conditioner (エア コンディショナー)
ゴミ箱	dust bin / garbage can (ダス ビン / ガーベッジ キャン)
ティッシュ	tissue / Kleenex (ティシュー / クリーネックス)
毛布	blanket (ブランケッ)
スタンド	lamp (ランプ)
電球	light bulb (ライ バルブ)
リモコン	remote control (リモウ コントロール)
電池	battery (バタリー)
浴室	bathroom (バスルーム)
タオル	towel (タウォル)
ドライヤー	hair dryer (ヘア ドライヤ)
綿棒	cotton bud (カットゥン バッ)
髭そり	razor (レイザー)
石けん	soap (ソウプ)
シャンプー	shampoo (シャンプー)
トイレットペーパー	toilet paper / toilet tissue (トイレッ ペイパー / トイレッ ティシュー)
モーニングコール	wake-up call (ウェイカッァ コール)
国際電話	international call (インタナショナル コール)
部屋の掃除	make up (the room) (メイカップ ダ ルー)

Would you ……?

……してもらえますか?

バリエーション

機内で

(荷物を上にあげるときなどに)手を貸してもらえますか?

このバッグをそこに上げてもらえませんか?

あとでもう一度来ていただけませんか?

入国カードをいただけませんか?

税関申告書をもらえますか?

もう少しゆっくり話していただけませんか?

もう一度言っていただけませんか?

窓のシェードを閉めていただけますか?

搭乗券の番号を見せていただいてもよろしいですか?
(自分の席に間違って座っている人に対して)

両替所で

20ドル札でもらえますか?

小銭もまぜてもらえますか?

街で

ABCホテルへどのように行けばいいか教えてもらえますか?

point! 人に何かを頼むときの万能フレーズ。丁寧に頼みたいときには、このフレーズを使ってみよう。Could you……?もほぼ同じような意味で使える。

Would you help me?

Would you put this bag up there?

Could you come back later?

Could you give me an immigration card?

Could you give me a declaration form?

Could you speak more slowly?

Could you repeat that again?

Could you pull the shade down?

Could you show me your ticket number, please?

Would you give that to me in twenty-dollar bills?

Could you include some small change?

Could you tell me how to get to the ABC Hotel?

駅への行き方を教えてもらえますか?

私たちの写真を撮っていただけますか?

ホテルで

貴重品を預かってもらえますか?

タクシーを呼んでもらえますか?

荷物を預かってもらえますか?

支払いは部屋につけてもらえますか?(ホテルのレストランで)

荷物を部屋までとりにきてもらえますか?

チェックインまで荷物を預かってもらえますか?

無料のWi-Fiのアクセス方法を教えてもらえますか?

レストランで

(注文がまだ決まっていないとき)あとで来ていただけますか?

(注文がまだ決まっていないとき)あとで来ていただけますか?

この料理に合うおすすめのワインはありますか?

ショッピングで

ウインドーのバッグを見せてもらえますか?

別のものを見せてもらえますか?

値引きしてもらえますか?

紙袋に入れてもらえますか?

Could you tell me how to get to the station?

Could you take a picture of us?

Would you keep my valuables?

Would you call me a taxi?

Would you keep my baggage?

Would you charge it to my room?

Would you come to pick up my luggage?

Would you keep my luggage till the check-in time?

Could you show me how to connect to the free Wi-Fi?

Would you come back later?

Could you give us a little more time, please?

Would you recommend a good wine for this dish?

Would you show me the bag in the window?

Would you show me another one?

Would you give me a discount?

Would you put it in a paper bag?

プレゼント用に包んでもらえますか？

別々に包んでもらえますか？

値札をとってもらえますか？

ホテルまで届けてもらえますか？

---

column 9　知っておきたい単語と表現

レンタカー

日本語	英語（カナ読み）
小型車	compact car（コンパクト カー）
中型車	mid-sized car（ミッズアイズドゥ カー）
大型車	full-sized car（フルサイズドゥ カー）
RV車	recreational vehicle / rec-v（リクリエイショナル ヴィヒクル レクヴィー）
エアコン	air conditioning（エア コンディショニン）
エアバッグ	air bag（エア バーグ）
エンジン	engine（エンジン）
鍵	key（キー）
クラクション	horn（ホーン）
サイドブレーキ	emergency brake（イマージェンスィー ブレイク）
ウィンカー	turn signal（ターン スィグナル）
シフトレバー	stick shift（スティック シフ）
ハンドル	steering wheel（ステアリン ウィール）
ギア	gearshift（ギアシフ）
ワイパー	windshield wipers（ウィンシールド ワイパー）
アクセル	accelerator / gas pedal（アクセレレイタ ギャス ペダル）
ブレーキ	brake（ブレイク）
クラッチ	clutch（クラッチ）
バックミラー	rearview mirror（リアヴュー ミラー）
サイドミラー	sideview mirror（サイヴュー ミラー）

Would you gift-wrap this?
ウッジュー ギフラップ ディス

Would you wrap them separately?
ウッジュー ラップ デム セパレイトリー

Would you take off the price tag?
ウッジュー テイコフ ダ プライス タァグ

Could you deliver this to my hotel?
クッジュー デリヴァー ディス トゥ マイ ホテル

シートベルト	seat belt (スィー ベル)
日よけ	visor (ヴァイザー)
後部座席	back seat (バック スィー)
前部座席	front seat (フロン スィー)
助手席	passenger's seat (パッセンジャーズ スィー)
運転席	driver's seat (ドライヴァーズ スィー)
チャイルドシート	child safety seat (チャイルド セイフティ スィー)
トランク	trunk (トランク)
ナンバープレート	license plate (ライセンス プレイ)
燃料タンク	gas tank (ギャス タンク)
バッテリー	battery (バタリー)
バンパー	bumper (バンパー)
フロントガラス	windshield (ウィンシール)
ヘッドライト	headlight (ヘッライ)
マフラー	muffler (マフラー)
予備タイヤ	spare tire (スペア タイア)
カーナビ	car navigation system (カー ナヴィゲイション スィステム)
ガソリン	gasoline (米)/ gas (米)/ petrol (英) (ギャソリーン／ギャス／ペトロ)
ハイオクガソリン	premium gasoline (petrol) (プレミアム ギャソリーン ペトロ)
無鉛ガソリン	unleaded gasoline (petrol) (アンレデッ ギャソリーン ペトロ)
レギュラーガソリン	regular gasoline (petrol) (レギュラー ギャソリーン ペトロ)
ガソリンスタンド	gas (petrol) station (ギャス ペトロ ステイション)
満タン	fill-up (フィラップ)

May I ……?

…… してもいいですか?

バリエーション

機内で

座席を倒してもいいですか?

座ってもいいですか? (空いている席を指さしながら)

ペンを貸してもらえますか?

通ってもいいですか?(窓側の席から通路に出るときに)

シェードを上げてもいいですか?

シェードを下げてもいいですか?

街で

ここで写真を撮ってもいいですか?

ホテルで

お願いしたいことがあるのですが。

ショッピングで

ちょっと見てもいいですか?

試着してもいいですか?

触ってもいいですか?

トイレをお借りしてもいいですか?

point! 自分のしたいことについて、相手に許可を求めるときに使う表現。"Can I……" よりも丁寧。

2 これだけでどんな場面でもいける魔法の万能フレーズ10

メアイ リクライン マイ スィー
May I recline my seat?

メアイ
May I?

メアイ ユーズ ヨー ペン
May I use your pen?

メアイ ゲッ スルー
May I get through?

メアイ プル ダ シェイダップ
May I pull the shade up?

メアイ プル ダ シェイダウン
May I pull the shade down?

メアイ テイク ア ピクチャー ヒア
May I take a picture here?

メアイ アスク ユー ア フェイヴァー
May I ask you a favor?

メアイ テイク ア ルック
May I take a look?

メアイ トライ ディス オン
May I try this on?

メアイ タッチ ディス
May I touch this?

メアイ ユーズ ダ レストルーム
May I use the restroom?

Is this ……?

これは …… ですか?

バリエーション

機内で

これはあなたの荷物ですか?
(自分の席に置いてあった荷物を指さして)

ホテルで

これが明日の朝食分ですか?
(渡されたバウチャーを指して)

レストランで

これ、羊ですか?

これは脂っこいですか?

これは辛いですか?

ショッピングで

これはSサイズですか?

これはMサイズですか?

これはLサイズですか?

これはウールですか?

これはバーゲン品ですか?

これは私のサイズですか?

point! 目の前のものを確認するときに使える万能フレーズ。レストランで出された料理が、ほんとうに自分が頼んだものか確認したいときや、ショッピングでサイズや素材を確認したいときなど、すべて "Is this……?" で対応できる。

イズ ディス ヨース
Is this yours?

イズ ディス フォ トモローズ ブレックファス
Is this for tomorrow's breakfast?

イズ ディス ラ ム
Is this lamb?

イズ ディス オイリー
Is this oily?

イズ ディス スパイスィ
Is this spicy?

イズ ディス スモール
Is this small?

イズ ディス ミディアム
Is this medium?

イズ ディス ラージ
Is this large?

イズ ディス ウル
Is this wool?

イズ ディス オン セイル
Is this on sale?

イズ ディス マイ サイズ
Is this my size?

column 10　知っておきたい単語と表現

意外に言えない単語

ビニール袋	plastic bag
ラップ	plastic wrap
アルミホイル	aluminum foil / foil
洗剤	detergent
ビーチサンダル	flip-flops
段ボール箱	cardboard box / carton
気泡シート	bubble wrap
ガムテープ	packing tape / packaging tape / duct tape
セロテープ	tape / Scotch tape
ホチキス	stapler
ひも	string
輪ゴム	elastic band / rubber band
のり	glue
ドライバー	screwdriver
プラスドライバー	cross slot screwdriver / Phillips screwdriver
マイナスドライバー	straight slot screwdriver
ペンチ	nipper / pliers

Chapter 3
ここまでできればもう万全のフレーズ10

2章の10の万能フレーズがクリアできたら、次のステップとして、この章の10フレーズにもチャレンジしてみてください。相手の言ったことを確認するときに便利なDo you mean ~?や、わからないものや情報に接したときに質問するためのWhat is ~?、値段や時間を確認するときのHow much ~?など、さらにコミュニケーションを円滑にする表現を集めてみました。

旅行中のシチュエーションを想定したダイアローグを載せてあるので、音声を聴いたり、自分で音読したりして、会話の練習をしてみましょう。そして、旅先でどんどん実際に使ってみてください。

Do you mean……?

……ってこと?

point! 誰かに何かを説明してもらっているときも、わからないことがでてきたら、聞き流さないこと! すかさず、Do you mean……?を使って確かめよう。もし、……の部分がうまく言えなくても、何か聞きたそうな顔をして、Do you mean……?と言いさえすれば、少なくとも、確認したいんだな、ということは伝わる。

いちばん使えるひとこと

Do you mean this?
ドゥ ユー ミーン ディス

これってこと?

Do you mean that store?
ドゥ ユー ミーン ダッ ストア

あのお店ってこと?

道案内の説明を受けている途中で。

エクササイズ
これのことですか?
ひとり分ってこと?
あのお店ってことですか?

ダイアローグ1

ホテルのツアーデスクで。

あなた：**How much is that Candle Light Dinner?**

相手　：**One hundred and fifty-nine dollars.**

あなた：**Do you mean per person?**

相手　：**That's right.**

〔訳〕

あなた：そのキャンドル・ライト・ディナーっていくらですか？
相手　：159ドルです。
あなた：ひとりあたりってこと？
相手　：ええ。

ダイアローグ2

国立公園を出るときに、半券のチェックを受けて……。

相手　：**May I see your ticket stub?**

あなた：**What do you mean?**

相手　：**The entrance ticket stub. The pink one.**

あなた：**Do you mean this?**

〔訳〕

相手　：半券を見せていただけますか？
あなた：えーと、なんでしょう？
相手　：入場券の半券です。ピンクの紙なんですが。
あなた：これってこと？

Do you mean this?
Do you mean per person?
Do you mean that store?

What is ……?

……って何ですか?

point! わからないものに遭遇したら、すぐ質問しよう! ごくシンプルな What is ……? というフレーズで、ことは足りる。レストランでメニューがわからないとき、検討しているツアーのパンフレットに書かれていることがわからないとき、などなど、わからないときは、それを指して What is this? とシンプルに聞いてみよう。

いちばん使えるひとこと

What is today's special?
（ワティズ トゥデイズ スペシャル）

今日のスペシャルメニューって何ですか?

What is this?
（ワティズ ディス）

これ、何ですか?

レストランで出された料理が何かわからないときなどに。

エクササイズ

これ、何?
本日のおすすめって何ですか?
あれ、何だろう?

ダイアローグ1

レストランで。

あなた：**What is today's special?**
相手　：**Grilled mahi-mahi.**
あなた：**What is mahi-mahi?**
相手　：**Whitefish. It tastes good.**

〔訳〕
あなた：今日のおすすめって何ですか？
相手　：マヒマヒのグリルです。
あなた：あの、マヒマヒって何ですか？
相手　：白身魚です。おいしいですよ。

ダイアローグ2

ツアー終了後、ガイドが小さな包みをくれて……。

あなた：**What's this?**
相手　：**This is a gift from ABC Travel Agency.**
あなた：**Thank you. May I open it?**
相手　：**Sure.**

〔訳〕
あなた：あの、これって？
相手　：ABC旅行社からのプレゼントです。
あなた：ありがとうございます。開けてもいいですか？
相手　：もちろん。

What's this?
What is today's special?
What's that?

What kind of ……?

どんな……？

point! 種類を訪ねるときの万能フレーズ。自分がほしいものがそろっているか、確認するときの表現として使えるのが What kind of ……do you have? だ。機内でサービスされる日本語の新聞を確認したいときは What kind of Japanese newspapers do you have? と聞いてみよう。

いちばん使えるひとこと

What kind of drinks do you have?
ワッ　カインドヴ　ドリンクス　ドゥ　ユー　ハヴ

飲み物は何がありますか？

What kind of food is this?
ワッ　カインドヴ　フード　イズ　ディス

これって、どんな食べ物ですか？

地元の名物料理について知りたいときなどに。

エクササイズ

ビールは何がありますか？
新聞は何がありますか？
どんな食べ物が好き？

ダイアローグ 1

レストランで。

あなた: **What kind of** local food do you have?

相手 : **Well, you want to know my recommendation?**

あなた: **Yeah.**

相手 : **I recommend the "tagine", a Moroccan stew.**

〔訳〕

あなた：地元の料理ってどんなものがありますか？
相手 ：私のおすすめ、お聞きになります？
あなた：お願いします。
相手 ：タジン、というモロッコの煮込み料理はいかがでしょう。

ダイアローグ 2

機内で。

相手 : **Would you like something to drink?**

あなた: **Yes. What kind of** red wine do you have?

相手 : **We have French, Australian, and Chilean.**

〔訳〕

相手 ：お飲みものはいかがですか？
あなた：赤ワインはどんなものがありますか？
相手 ：フランスワイン、オーストラリアワイン、それからチリワインがございます。

What kind of beer do you have?
What kind of newspapers do you have?
What kind of food do you like?

Which is……?

どちらが……？

point!

これも確認するときに使える表現。レストランで食事が出されたときに、自分が注文したものがどれなのか、見た目でわからないようなときにも、このフレーズで確認可能。Which is mine?（どれが私が注文した分？）とか、Which is chicken?（どれが鶏料理？）など。

いちばん使えるひとこと

Which is mine?
ウィッチ イズ マイン
どっちが私の？

Which is cheaper?
ウィッチ イズ チーパー
どっちが安い？

エクササイズ
どっちが私の？
どっちが安いですか？
どっちがあなたのでしょう？

ダイアローグ1

レストランで。

あなた： **Which is mine? I mean, which is chicken soup?**

相手　： **This one.**

あなた： **Thanks.**

〔訳〕

あなた：私が注文したのはどっちでしょう？　っていうか、チキンスープはどっち？
相手　：こちらです。
あなた：どうも。

ダイアローグ2

店で。

相手　： **May I help you?**

あなた： **I'm not sure which one to take.**

相手　： **Uh-huh.**

あなた： **Which is cheaper?**

〔訳〕

相手　：お決まりですか？
あなた：どっちにしようか迷ってて。
相手　：ええ。
あなた：どっちが安いですか？

Which is mine?
Which is cheaper?
Which is yours?

How much……?

いくら／どれぐらい……？

point! How much は値段に関する表現とは限らず、時間にも使えることを覚えておこう。

いちばん使えるひとこと

How much is this one?
ハウ マッチ イズ ディス ワン

これはいくらですか？

ショッピング中、値段の確認をするときに。

How much time do we have (left)?
ハウ マッチ タイム ドゥ ウィ ハヴ レフ

（あと）どれぐらい時間がありますか？

観光ツアー中、時間の確認をするときに。

エクササイズ
これっていくらですか？
時間はどれぐらいありますか？
どのぐらい要ります？

ダイアローグ1

現地でショッピング。

あなた：**How much is this one?**
相手　：**Twenty dollars.**
あなた：**Really? How about the smaller one?**
相手　：**Ten dollars.**

〔訳〕
あなた：これ、いくらですか？
相手　：20ドルです。
あなた：そっか。じゃ、そっちの小さいほうは？
相手　：10ドルです。

ダイアローグ2

観光ツアー中、ランチは自由行動だと言われて。

あなた：**How much time do we have?**
相手　：**Forty-five minutes.**
あなた：**Then, you mean we should come back here by one?**
相手　：**That's right.**

〔訳〕
あなた：時間はどれくらいですか？
相手　：45分です。
あなた：じゃ、1時にここに戻ってくればいいんですね？
相手　：そうです。

How much is this one?
How much time do we have?
How much do you want?

How long ……?

どれぐらい（の長さ）……？

point! 時間やものの長さを聞くときの表現。距離をあらわす場合は long ではなく far を使う。駅まで行く時間ではなく、自分がいる場所から駅までの距離を知りたい場合は、How far is it from here to the station? とたずねよう。

いちばん使えるひとこと

How long is ……?
ハウ ロング イズ

……の長さは、どれぐらいですか？

How long have you been playing tennis?
ハウ ロング ハヴ ユー ビン プレイング テニス

テニス歴はどれぐらいですか？

エクササイズ

アマゾン川の長さってどれぐらいでしょう？
駅まで行くのに、どれぐらいかかります？
いつから知ってたの？

ダイアローグ1

エジプトでの、現地ガイドとの会話。

あなた：**How long is the Nile River?**

相手　：**It is about 6,700 kilometers long. The longest river in the world.**

あなた：**How long does that Nile Dinner Cruise you mentioned take?**

相手　：**About three hours.**

〔訳〕

あなた：ナイル川の長さってどれぐらいですか？

相手　：約 6,700km で、世界一長い川なんですよ。

あなた：さっきナイル川のディナークルーズの話をしてましたよね。あれって、時間はどれぐらいかかります？

相手　：3 時間程度ですね。

ダイアローグ2

機内で、隣の人とおしゃべり。

あなた：**So you like to play tennis?**

相手　：**Yeah. I started when I joined my company.**

あなた：**How long have you been playing?**

相手　：**About thirty years.**

〔訳〕

あなた：へえ、テニスが趣味なんですか。

相手　：ええ。会社に入ってから始めたんですけどね。

あなた：テニス歴はどれぐらいですか？

相手　：……30 年ぐらいかな。

How long is the Amazon River?
How long does it take to the station?
How long have you known that?

How often……?

どれぐらい（の頻度で）……？／よく……するの？

point! 頻度をたずねるときの表現。交通機関に関する情報収集をしたいときなど、旅行中には意外と使うことが多い表現だ。

いちばん使えるひとこと

How often does the bus come?
（ハウ オフン(オフトゥン) ダズ ダ バス カム）

バスはどれぐらいの間隔で来ますか？

How often do you play golf?
（ハウ オフン(オフトゥン) ドゥ ユー プレイ ゴルフ）

ゴルフ、よくするの？

エクササイズ

バスって、どのぐらいの間隔で出てます？

よく、ゴルフをするんですか？

よく飲みに行きます？

ダイアローグ 1

ホテルのフロントでシャトルサービスについて問い合わせ。

あなた：**How often does the airport shuttle bus leave?**

相手　：**Every fifteen minutes.**

〔訳〕

あなた：空港行きのシャトルバスはどれぐらいの間隔で出てますか？

相手　：15分間隔です。

ダイアローグ 2

観光ツアーで一緒になったほかのお客さんと趣味の話を。

相手　：**So you like to play golf?**

あなた：**Yeah, I started when I joined my company.**

相手　：**How often a week do you play?**

あなた：**I go about once or twice a month.**

〔訳〕

相手　：へえ、ゴルフが趣味なんですか。

あなた：ええ。会社に入ってから始めたんですけどね。

相手　：週にどのぐらいプレイします？

あなた：月に1～2回かな。

How often does the bus leave?
How often do you play golf?
How often do you go drinking?

How about……?

じゃあ、……は?

point!
聞き返すときや、相手の言葉を受けて「じゃあ、……はどうだろう?」と提案するときに便利なフレーズ。How about は、人に何かを勧めるフレーズでもあるので、レストランなどでもよく使われる。How about some wine with your meal?（お食事といっしょにワインはいかがですか?）、How about some coffee?（コーヒーはいかがですか?）など。

いちばん使えるひとこと

How about ……?
ハウ アバウ

じゃあ、……どう?

エクササイズ
じゃあ、明日はどう?
コーヒーはいかがですか?
6時で、どう?

ダイアローグ1

現地ガイドと、明日の出発時間を打ち合わせ。

あなた：**What time will we be leaving tomorrow?**
相手　：**About six o'clock.**
あなた：**That's too early for me.**
相手　：**How about at seven, then?**

〔訳〕

あなた：明日は何時ごろのスタートになりますかねえ？
相手　：6時とか。
あなた：うーん、ちょっと早いな。
相手　：じゃあ、7時ではどうです？

ダイアローグ2

レストランに予約の電話をかけてみたが……。

あなた：**Can I make a reservation at eight?**
相手　：**I'm afraid all the tables are taken.**
あなた：**How about at nine?**
相手　：**Let me check.**

〔訳〕

あなた：8時に予約したいのですが。
相手　：あいにく満席でして。
あなた：9時ではいかがでしょう？
相手　：確認いたします。

How about tomorrow?
How about some coffee?
How about at six?

I'll …….

…… します

point! 自分の意志を表すときの表現。たんに、明日の予定（何をするつもりか）を言う場合は、I'll ではなく、I'm going to …… を使うのが普通。I'm going to play tennis tomorrow.（明日はテニスをするつもりだ）

いちばん使えるひとこと

I'll have …….
アイル　ハヴ

…… にします。

買うものを決めたとき、食事の注文を決めたときなどに。

I'll think about it.
アイル　スィンカバウティッ

ちょっと、考えます。

即決できないときに。

エクササイズ

これにします。

ちょっと、考えます。

ステーキにします。（食事の注文）

ダイアローグ 1

レストランで。

相手　：**Have you decided?**

あなた：**Yes, I'll have a T-bone steak.**

相手　：**With a baked potato or mashed potatoes?**

あなた：**A baked potato, please.**

〔訳〕

相手　：お決まりですか？
あなた：ええ。Tボーンステーキを。
相手　：付け合わせは、ベイクトポテトかマッシュポテト、どちらになさいますか？
あなた：ベイクトポテトで。

ダイアローグ 2

ショップにて。

相手　：**May I help you?**

あなた：**Yes, do you have this in pink?**

相手　：**I'm afraid not. But I think that blue one will look good on you.**

あなた：**Thanks, I'll think about it.**

〔訳〕

相手　：お決まりですか？
あなた：これのピンクってありません？
相手　：あいにくですが。でも、その青、とってもお似合いですよ。
あなた：ありがとう。考えておきます。

I'll have this one.
I'll think about it.
I'll have a steak.

I need …….

……をください/……がいるんですけど

point! 必要なものがあるときに使う、便利な表現。need to ……で、「……しなくちゃ」という表現になる。I need to go(そろそろ行かなくちゃ)とか、How much do I need to pay?(いくら払わなきゃいけないの?)など。

いちばん使えるひとこと

I need an extra blanket.
アイ ニー ダン エクストラ ブランケッッ
予備の毛布がほしいんですけど。

I need some help.
アイ ニーズァム ヘルプ
手伝ってもらいたいんですけど。

エクササイズ
手伝ってもらいたいんですが。
予備の毛布がほしいんですが。
そろそろ行かなきゃ。

ダイアログ1

機内でコールボタンを押して……。

相手　：**What can I do for you?**

あなた：**I need an extra blanket.**

相手　：**I'll bring one right away.**

〔訳〕

相手　：お呼びでしょうか？
あなた：毛布がもう1枚ほしいんですが。
相手　：すぐにお持ちします。

ダイアログ2

部屋のトイレが故障して、フロントに電話を……。

あなた：**Hi. I need some help.**

相手　：**What's the matter?**

あなた：**The water in the toilet keeps running.**

相手　：**I'll send a repairman right over.**

〔訳〕

あなた：ちょっと来てほしいんですけど。
相手　：どうされました？
あなた：トイレの水が流れっぱなしになっちゃって。
相手　：すぐ修理の者を向かわせます。

I need some help.
I need an extra blanket.
I need to go.

column 11　知っておきたい単語と表現

レストラン

取り皿	extra plate (エクストラ プレイ)
スクランブルエッグ	scrambled egg (スクランブルド エッグ)
目玉焼き	fried egg (フライド エッグ)
オムレツ	omelette (オムレツ)
フライドポテト	French fries / chips (フレンチ フライズ／チップス)
ロールパン	roll (ロール)
フランスパン	French bread (フレンチ ブレッ)
クロワッサン	croissant (コワッサン)
食パン	white bread (ワイ ブレッ)
仔羊	lamb (ラム)
七面鳥	turkey (ターキー)
仔牛	veal (ヴィール)
たら	cod (コッド)
かに	crab (クラブ)
ロブスター	lobster (ロブスター)
大海老	prawn (プローン)
小海老	shrimp (シュリンプ)
牡蠣（かき）	oyster (オイスター)
はまぐり	clam (クラム)
直火焼きの	barbecued (バービキュード)
ゆでた	boiled (ボイルド)
揚げた	fried (フライド)
網焼きの	grilled (グリルド)
焼いた	baked (ベイクト)
ローストした	roasted (ローステッド)
燻製の	smoked (スモウクト)
煮込んだ	stewed (ステュード)

Chapter 4
あいさつ、呼びかけ、返事はこれだけでいい

ホテルでふとスタッフと目があって、Hiとあいさつされて、ちょっとどぎまぎした経験はないですか。スーパーで買い物をしたときに、Have a nice day!と言われて、なんて返したらいいのか、戸惑ったことは？ あいさつの基本をこの章で再確認して、次に出かける旅では、さわやかにあいさつを交わしてみましょう。旅の楽しさがぐっと増すにちがいありません。

相手に謝られたり、感謝されたりしたときに返すべきとっさのひとこと、あいづちのいろんなバリエーションも紹介しています。どれも今すぐ試せる簡単なフレーズばかりです。どんどん練習して、どんどんしゃべってみてください。

Hi.

どうも／こんにちは

point! 日本語の「どうも」にあたるのが、Hi だ。店で、ホテルで、空港で、誰かに話しかけるとき、まず Hi とひと声かけてから話し始められるようになると、断然出だしがスムーズになる。お店で店員が客に言う場合も、これがいちばん多い。Hi と言われたら、こちらも Hi とあいさつしよう。

バリエーション

Hello.
ヘロウ

こんにちは。

基本中の基本。でも、意外と街中で耳にすることはないかもしれない。アメリカの若い人たちは、親しい間柄では Hey を使うことが多い。

エクササイズ
どうも。
こんにちは。
いらっしゃいませ。

ダイアローグ1

ホテルでチェックイン。

相手　：**Hi.**

あなた：**Hi. I'd like to check in, please.**

相手　：**Sure. May I have your name?**

あなた：**Tanaka.**

〔訳〕

相手　：いらっしゃいませ。
あなた：どうも。チェックインしたいんですが。
相手　：かしこまりました。お名前をちょうだいできますか？
あなた：田中です。

ダイアローグ2

ドラッグストアで。

あなた：**Hi.**

相手　：**Hi.**

あなた：**Excuse me. Do you have cold medicine?**

相手　：**It's in aisle 2, on the top shelf.**

〔訳〕

あなた：どうも。
相手　：いらっしゃいませ。
あなた：あの、風邪薬がほしいんですが。
相手　：2番通路の、上の棚にございます。

4 あいさつ、呼びかけ、返事はこれだけでいい

Hi.
Hello.
Hi.

How are you? / How are you doing?

元気?

point! 「元気?」「調子はどう?」の意味の定番フレーズ。後者のほうが、よりくだけた感じ。

バリエーション

How's it going?
ハウズィッツ ゴーイン

これも、「元気?」の意味で使う。習うことがあまりないかもしれないが、実はよく耳にするフレーズ。ややくだけた言い方。

What's up?
ワッツ アップ

親しい間柄で。

エクササイズ

元気?
調子はどう?
どうしてる?

ダイアローグ 1

ホテルで、出がけにスタッフから声をかけられて。

相手　：**How are you this morning?**

あなた：**Fine. I'm going whale watching today.**

相手　：**It looks like it will be a nice day for it!**

あなた：**Thanks. See you.**

〔訳〕

相手　：おはようございます。
あなた：ああ、どうも。今日はホエールウォッチングに行くんですよ。
相手　：お天気になってよかったですね。
あなた：どうも。ではまた。

ダイアローグ 2

ロッジで、出がけにスタッフから声をかけられて。

相手　：**How's it going?**

あなた：**Good. I'm going trekking today.**

相手　：**Enjoy!**

あなた：**I will. Thank you.**

〔訳〕

相手　：おはようございます。
あなた：ああ、どうも。今日はトレッキングに行くんです。
相手　：楽しんでいらしてください。
あなた：ええ。ありがとう。

How are you?
How are you doing?
How's it going?

Nice to meet you.

はじめまして／よろしく

point!
「はじめまして」「よろしく」と言うときの定番フレーズ。相手にこう言われたら、こちらも、Nice to meet you と言えばいい。It was good to meet (see) you は、初めて会った人と別れるときの「(会えてよかったです) では、失礼します」というあいさつ。Nice meeting you だけでも OK。Nice talking to you というのもある。電車や飛行機で隣同士になって話がはずんだ相手と別れるとき、初めての相手と電話を切るときなどに使おう。

バリエーション
How do you do?
(ハウ ドゥ ユー ドゥ↘)
はじめまして。

こちらも定番。相手にこう言われたら、こちらも、How do you do? と言えばいい。

エクササイズ
はじめまして。
はじめまして。
お目にかかれてよかったです。(別れるときに)

ダイアローグ1

現地ガイドと、ホテルのロビーで待ち合わせ。

相手 ：**Excuse me, Mr. Suzuki?**

あなた：**Yes.**

相手 ：**Hello. Nice to meet you. I'm Catherine from ABC Travel Agency.**

あなた：**How do you do? Nice to meet you.**

〔訳〕

相手 ：あの、鈴木様ですか？

あなた：そうですが。

相手 ：はじめまして。ABC 旅行社からまいりました、キャサリンです。

あなた：よろしく。

ダイアローグ2

飛行機で隣の人と話しがはずんで。

相手 ：**How long will you be staying in New York?**

あなた：**Around four days.**

相手 ：**That should be fun. Well, it was good to meet you.**

あなた：**Likewise.**

〔訳〕

相手 ：ニューヨークには何日くらい滞在されるんですか？

あなた：4日ほど。

相手 ：そうですか、楽しんでくださいね。お話できてよかった。

あなた：こちらこそ。

How do you do?
Nice to meet you.
It was good to see you.

4 あいさつ、呼びかけ、返事はこれだけでいい

Have a nice day!

じゃあね!

point! 別れのあいさつのひとこと。スーパーのレジ係の人が客に言うときもあれば、ホテルから出かけるときに、こう声をかけられるときもある。

4 あいさつ、呼びかけ、返事はこれだけでいい

バリエーション

Have a nice day.
ハヴァ ナイス デイ
(ご来店)ありがとうございました。

Have a nice day.
ハヴァ ナイス デイ
行ってらっしゃいませ。

エクササイズ

じゃあね!
ご来店ありがとうございました。
行ってらっしゃい。

ダイアローグ1

スーパーでの会計で。

相手　：**Plastic or paper?**

あなた：**Paper, please.**

相手　：**Here you are. Have a nice day.**

あなた：**Thanks. You, too.**

〔訳〕

相手　：ビニール袋にしますか、紙袋にしますか？
あなた：紙袋で。
相手　：こちらです。ご来店ありがとうございました。
あなた：どうも。

ダイアローグ2

ホテルから出かけようとしたとき、スタッフに声をかけられて。

相手　：**Mr. Suzuki, how are you this morning?**

あなた：**Good.**

相手　：**Have a nice day.**

あなた：**Thanks. You too.**

〔訳〕

相手　：鈴木様、ごきげんいかがですか？
あなた：快調ですよ。
相手　：行ってらっしゃいませ。
あなた：どうも。

> 4 あいさつ、呼びかけ、返事はこれだけでいい

Have a nice day!
Have a nice day.
Have a nice day.

Yes. / OK.

はい／そうです

point!

「はい」「そうです」「それでお願いします」「そうですね」など、質問に対して肯定で答えるときの、万能ワード。注意したいのは、日本語と違って英語の場合、質問の形にかかわらず、肯定ならYes、否定ならNoというのはゆるがないということ。You don't like dogs, do you?（犬、好きじゃないよね?）と聞かれ、「うん（好きじゃないよ）」と答えるときはYesではなくNoだ。Do you mind……?で質問された場合、「ええ、気にしませんよ、どうぞ」という場合も、答えはNoなのだ。

バリエーション

Yep.
（イェッ）

うん。

Yesのくだけた言い方。ほかにYeah（イェー）など。

No.
（ノー）

いいえ。

質問に、否定で答えるときに。

エクササイズ

そうです。
ええ。
ああ。

ダイアローグ1

待ち合わせていた現地ガイドと、自己紹介を終えたあと。

相手 ：**OK. Are you ready? Shall we go?**

あなた：**Yes. Let's go!**

相手 ：**Did you bring your camera?**

あなた：**Yep, got it.**

〔訳〕

相手 ：さて、準備はいいですか？　行きましょうか？
あなた：ええ。行きましょう！
相手 ：カメラは持ってきましたか？
あなた：ええ、もちろん。

ダイアローグ2

同じホテルに泊まっている友人との会話。

相手 ：**Are you going on any tours tomorrow?**

あなた：**Yes, I think I'll ride the glass-bottom boat.**

相手 ：**Oh, that sounds like fun! Do you mind if I join you?**

あなた：**No, not at all.**

〔訳〕

相手 ：明日って、何かツアーの予定ある？
あなた：グラスボートに乗ろうと思って。
相手 ：へえ、なかなか面白そう！　僕も一緒に行ってもかまわない？
あなた：うん、もちろん。

Yes.
Yep.
Yeah.

Sure.

もちろん／いいですよ

point! 質問に対して肯定で答えるときの万能ワード。「もちろん（それでいいです）」「そうしてください」「大丈夫です」というニュアンス。

バリエーション

Fine.
（ファイン）

いいですよ、大丈夫ですよ、というニュアンスの返事。

Of course.
（オフ コース）

もちろん（どうぞ）、という返事。相手が許可を求める質問をした場合の答えとして、「どうぞどうぞ」というニュアンスを表すことができる。

エクササイズ

大丈夫です。
どうぞ。
もちろん、どうぞ。

ダイアローグ1

飛行機の隣の席の人が通路に出ようとして。

相手 ：**Excuse me, can I squeeze through?**

あなた：**Sure.**

〔訳〕

相手 ：すみません、いいですか？
あなた：どうぞ。

ダイアローグ2

レストランで、担当のサービス係がテーブルにやってきて。

相手 ：**Is everything alright?**

あなた：**Yes, everything's fine.**

〔訳〕

相手 ：ほかに何か必要なものはございませんか？
あなた：大丈夫です。

```
Fine.
Sure.
Of course.
```

Good.

元気です／よかった

point!
「元気？」と聞かれたときの定番の答え。「ああ、元気だよ」という感じ。ほかに、Great!（絶好調!）、Pretty good（すごく調子いい）、Not bad（まあまあ——と言いつつ、けっこういい時）、So-so（まあまあ）、Not good（よくない時）、Same（相変わらず）など。ほかに、「ああ、よかった」「へえ、それはよかったですね」という、あいづちとしても使える。

バリエーション
Fine.
ファイン

これも、「元気？」と聞かれて「ええ」と答えるときの定番。

エクササイズ
元気だよ。
快調。
へえ、それはよかった。

ダイアローグ1

ホテルから出かけようとしたとき、スタッフに声をかけられて。

相手 ：**Mr. Suzuki, how are you this morning?**

あなた：**Good.**

相手 ：**Great. Have a nice day.**

あなた：**Thanks, you too.**

〔訳〕

相手 ：鈴木様、ごきげんいかがですか？
あなた：快調ですよ。
相手 ：行ってらっしゃいませ。
あなた：どうも。

ダイアローグ2

空港のカウンターで搭乗手続きをしたときの会話。

相手 ：**The flight is departing on time.**

あなた：**OK, good.**

相手 ：**Have a nice flight.**

あなた：**Thanks!**

〔訳〕

相手 ：出発は定刻を予定しております。
あなた：よかった。
相手 ：いってらっしゃいませ。
あなた：どうも。

4 あいさつ、呼びかけ、返事はこれだけでいい

> Good. / Fine.
> Good. / Fine.
> Good.

All right.

いいよ

point! 言い方によっては、しぶしぶ了解するというニュアンスにもなるし、「よーし！」と応援する言葉にもなったりする便利なフレーズ。

4 あいさつ、呼びかけ、返事はこれだけでいい

バリエーション

It's all right.
イッツ オーライ
大丈夫だよ。／かまわない（不要だ）。

　断りの意味でも使うことがある。

That's all right.
ダッツ オーライ
かまいませんよ。

　謝った相手への決まり文句。

エクササイズ
いいよ。
大丈夫です。
かまいませんよ。

ダイアローグ1

ランチタイム、混み合ったレストランで。

相手　：**Hi. May I help you?**
あなた：**Hi. Just myself.**
相手　：**It will be a few minutes wait for a table.**
あなた：**All right.**

〔訳〕

相手　：いらっしゃいませ。
あなた：ひとりなんですが。
相手　：テーブル席ですと数分お待ちいただきますが。
あなた：かまいません。

ダイアローグ2

観光中、ちょっと気分が悪くなって……。

相手　：**Mr. Tanaka, are you all right?**
あなた：**I'm fine.**
相手　：**Do you need a doctor?**
あなた：**No, it's all right. Just car sickness. I've already took some medicine.**

〔訳〕

相手　：田中様、おかげんでも？
あなた：大丈夫です。
相手　：お医者様にみてもらいますか？
あなた：いえ、大丈夫です。ただの車酔いですから。薬はもう飲んだんです。

All right.
It's all right.
That's all right.

Here.

どうぞ

point! 何かを渡す、差し出すときに使える言葉。「これをどうぞ」というようなニュアンス。バリエーションとしては、Here you go や Here it is などがある。

バリエーション

Here you go.
ヒア ユー ゴー
(これです、) どうぞ。

Here you are.
ヒア ユー アー
(これです、) どうぞ。

エクササイズ
どうぞ。
はい、どうぞ。
はい、どうぞ。

ダイアローグ1

現地ツアー中のランチタイム。ほかのお客さんと食事中に。

相手　：**Would you pass me the salt?**

あなた：**Here.**

相手　：**Thanks.**

〔訳〕

相手　：塩を取ってもらえますか？
あなた：どうぞ。
相手　：どうも。

ダイアローグ2

入国審査のカウンターで。

相手　：**Passport, please.**

あなた：**Here you are.**

〔訳〕

相手　：パスポートをお願いします。
あなた：はい、どうぞ。

Here.
Here you go.
Here you are.

Did you?

へえ、そうなの?

point! あいづちとして万能なのが、Did you? や Is it?、Are you?、Did he? などのフレーズ。相手が言った文章に合わせて、バリエーションを作っていけばいい。あいづちがタイミングよく打てるようになると、ぐんぐん会話がはずむようになる。

4 あいさつ、呼びかけ、返事はこれだけでいい

バリエーション

Oh, is it?
オー イズイッ
へえ、そうなの?

Oh, are you?
オー アー ユー
へえ、そうなんだ。

エクササイズ

(We had a good dinner. に対して) そうなの?
(This is very popular. に対して) そうなの?
(I can do it. に対して) そうなの?

ダイアローグ 1

ツアー仲間の人とおしゃべり。

相手　：**We had a very good dinner last night.**

あなた：**Did you?**

相手　：**But we paid something like 100 dollars each.**

あなた：**Wow—that's a lot!**

〔訳〕

相手　：昨日の夕食、すごくよかったんです。
あなた：そうなんですか？
相手　：でも、勘定もよくて、ひとり100ドルぐらい。
あなた：ええっ？　そんなに！

ダイアローグ 2

土産物屋で店員とおしゃべり。

相手　：**Hi. May I help you?**

あなた：**I'm looking for a small gift for my friend.**

相手　：**This one is very popular.**

あなた：**Oh, is it?**

〔訳〕

相手　：いらっしゃいませ。
あなた：友だちのお土産を探してるんですけど。
相手　：これなんか、人気ですよ。
あなた：へえ、そうなんですか？

4 あいさつ、呼びかけ、返事はこれだけでいい

Did you?
Is it?
Can you?

Really?

本当?

point!
日本人が多用しているあいづちのひとつかもしれない。いつも Really? ばかりだな〜と思っている人は、バリエーションを覚えておこう。

バリエーション

Is that right?
イズ ダッ ライ

あ、そう?

軽いあいづちの範囲で使えるフレーズ。

Are you sure?
アー ユー シュア

本当に?

Really? はあいづちの範囲だが、これは軽い確認の意味が含まれる。

エクササイズ
ほんとに?
本当に?
そう?

ダイアローグ 1

空港のカウンターで、座席の指定を受けているときに。

あなた：**A window seat, please.**

相手　：**I'm sorry, there are no window seats left.**

あなた：**Really?**

相手　：**I'm sorry, this flight is almost full.**

〔訳〕

あなた：窓側の席をお願いします。
相手　：窓側のお席は残っておりませんが。
あなた：本当？
相手　：あいにく、この便は混み合っておりまして。

ダイアローグ 2

空港のカウンターで、座席の指定を受けているときに。

あなた：**A window seat, please.**

相手　：**The exit row seat is available. This is the only window seat we have now.**

あなた：**Is that right?**

相手　：**Yes.**

〔訳〕

あなた：窓側の席をお願いします。
相手　：窓側ですと、非常口座席しか空いておりませんが。
あなた：あ、そう？
相手　：ええ。

4 あいさつ、呼びかけ、返事はこれだけでいい

Really?
Are you sure?
Is that right?

I see.

なるほど

point! 「あなたの言っていること、わかります」という、理解していることを表す返事。I understand と同じで、ただのあいづちよりも、少し踏み込んだ表現。

4 あいさつ、呼びかけ、返事はこれだけでいい

バリエーション

Uh-huh.
ンー　フー↗

ええ。／そうですね。

電話をしているときなどに「ええ……、ええ……、そうですね」とあいづちを打つ、あの感じに相当する英語。発音は語尾をあげて「ンーフー↗」という感じ。

エクササイズ

なるほど。
ええ。

ダイアローグ1

フロントでレストランへの行き方を教えてもらう。

あなた：**Could you tell me how to get to this place?**

相手　：**Sure. Go up the street in front of the hotel for two blocks, and turn right, and it's right there.**

あなた：**I see. Thank you.**

〔訳〕

あなた：ここへの行き方を教えてもらいたいんですけど。

相手　：かしこまりました。ホテルの前の通りを2ブロックこちらの方向に歩いて、右折すると、そこにこのレストランがあります。

あなた：なるほど。どうも。

ダイアローグ2

現地ガイドから、明日必要な荷物の説明を受けていて。

あなた：**What else should I take?**

相手　：**A sweater or a jacket. It may be cool at night.**

あなた：**Uh-huh.**

〔訳〕

あなた：ほかに持っていくものは？

相手　：セーターか上着を。夜は冷えるかもしれないので。

あなた：そっか。

> 4 あいさつ、呼びかけ、返事はこれだけでいい

I see.
Uh-huh.

Let's see.

えーっと

point! 言葉に詰まったとき、「えーっと」「そうだなぁ」「どれどれ」という感じで、考えをまとめるまでちょっと時間を稼ぎたいときに使えるフレーズ。
　Let's see how it goes と言うと「しばらく様子を見ましょうか」という意味になる。

バリエーション

Let me see...
レッ　ミー　スィー

えーっと、それは……

エクササイズ
えーっと、それは……
えーっと。

ダイアローグ 1

現地ツアーの手配でトラブル発生。

あなた：**I think I requested a Japanese speaking guide for this tour.**
相手　：**Do you have a voucher now?**
あなた：**Let me see ... here it is.**
相手　：**OK. One moment, please. Let me check.**

〔訳〕

あなた：日本語のガイドさんをお願いしたはずなんですが。
相手　：バウチャーはお持ちですか？
あなた：えーっと……はい、これです。
相手　：少々お待ちください。お調べしますので。

ダイアローグ 2

現地ガイドと、明日の出発時間を打ち合わせ。

相手　：**What time would you like to start tomorrow?**
あなた：**Let me see ... how about seven thirty?**
相手　：**Could we make it earlier, say, seven?**
あなた：**Sure. That's fine.**

〔訳〕

相手　：明日は何時ごろのスタートにします？
あなた：そうですね。7時半とか。
相手　：もう少しだけ早くできませんか、例えば、7時とか。
あなた：了解。

Let me see...
Let's see.

Just a second.

ちょっと待って

point! ちょっと待って、という言い方はいろいろある。言われることも多いので、いろいろなバリエーションを知っておこう。電話をかけるときにも必須だ。

バリエーション

One moment, please.
ワン モーメン プリーズ
少々お待ちください。

Just a minute.
ジャスタ ミニッツ
少々お待ちを。

エクササイズ

少々お待ちください。
ちょっと待って。
少々お待ちを。

ダイアローグ1

電話でホテルの予約をするときに。

相手 ：**ABC Hotel. May I help you?**

あなた：**Reservations, please.**

相手 ：**One moment.**

〔訳〕

相手 ：ABCホテルです。
あなた：予約をお願いします。
相手 ：少々お待ちください。

ダイアローグ2

ホテルにチェックインするときに。

相手 ：**This is your key.**

あなた：**Thanks. I think breakfast is included in the price. Could you check?**

相手 ：**Sure. Just a second, please.**

〔訳〕

相手 ：こちらがお部屋の鍵です。
あなた：どうも。たしか朝食が室料に含まれているはずなんですが。確認してもらえます？
相手 ：かしこまりました。少々お待ちください。

One moment, please.
Just a second.
Just a minute.

Thank you. / Thanks.

ありがとう／どうも

point! お礼の言葉の定番。チケットを受け取ったとき、機内で何かを受け取ったとき、問い合わせに答えてもらったときなどに、日本語の「どうも」と同じ感覚で、どんどん使おう。気持ちのよいコミュニケーションには欠かせない言葉だ。

バリエーション

No, thank you. / No thanks.
ノー サンキュー／ノー サンクス

「けっこうです（いりません）」「大丈夫です（不要です）」「おかまいなく（ほしくありません）」という意味を伝えるフレーズ。

エクササイズ
どうも。
おかまいなく。
いりません。

ダイアローグ 1

機内で、新聞や雑誌が配られたときに。

相手 ：**Would you like any newspapers... magazines...?**

あなた：**Do you have Japanese newspapers?**

相手 ：**Yes, we have Nikkei. Here you are.**

あなた：**Thanks.**

〔訳〕

相手 ：新聞、雑誌はいかがですか？
あなた：日本語の新聞はありますか？
相手 ：日経がございます。どうぞ。
あなた：どうも。

ダイアローグ 2

機内で、飲み物サービスが始まったが、今は必要ないというときに。

相手 ：**Would you like something to drink?**

あなた：**No, thank you.**

相手 ：**Some water? Anything?**

あなた：**No, I'm all right.**

〔訳〕

相手 ：お飲み物はいかがですか？
あなた：けっこうです。
相手 ：お水か、何か？
あなた：いいえ、けっこうです。

4 あいさつ、呼びかけ、返事はこれだけでいい

Thanks.
No, thank you.
No thanks.

You're welcome.

どういたしまして／どうも

point! 相手に Thank you と感謝されたときに「どういたしまして」「どうも」と返事をするときに使える万能フレーズ。

バリエーション

Sure.
シュア

こちらも、「どういたしまして」で多用されるフレーズ。

Not at all.
ノッタットール

これも「どういたしまして」として使えるフレーズ。「いえいえ、とんでもない」「全然（たいしたことじゃないです）」というニュアンス。

エクササイズ

どういたしまして。
どういたしまして。
全然、たいしたことじゃないです。

ダイアローグ1

機内の通路で、道を譲ってあげたときに。

あなた：**Go ahead.**

相手　：**Oh, thank you.**

あなた：**You're welcome.**

〔訳〕

あなた：お先にどうぞ。
相手　：あら、ありがとう。
あなた：どういたしまして。

ダイアローグ2

機内で、荷物を手荷物入れに上げるのを手伝ってあげたときに。

相手　：**Thanks for your help.**

あなた：**Sure.**

〔訳〕

相手　：助かりました、ありがとう。
あなた：どういたしまして。

You're welcome.
Sure.
Not at all.

Excuse me.

あの、……／すみません

point!
「あの〜、すみません」と誰かに話しかけたり、注意を引くときの万能フレーズ。店で店員に何かたずねたいときにも、まずはこのフレーズからスタートだ。道を通してほしいときの「すみませ〜ん」も、これでいい。身体がちょっとぶつかったときに謝る、「あっ、すみません」にも使える。

バリエーション

Sorry.
ソーリー

これも、すみません、という意味だが、こちらは、誰かに迷惑をかけた後に使う。たとえば、だれかの足を踏んでしまったときなど（この場合、もちろん Excuse me でもかまわない）。

エクササイズ
あのー。
あっ、すみません！
あっ、すみません！

4 あいさつ、呼びかけ、返事はこれだけでいい

ダイアローグ1

鉄道の駅で、列車の確認をする。

あなた：**Excuse me, does the next train go to Liverpool?**

相手　：**It doesn't go directly there. You have to change trains.**

あなた：**OK, thanks!**

〔訳〕

あなた：すみません、次の列車はリバプールまで行きますか？
相手　：ええ、でも、直通ではなくて、乗り換えですよ。
あなた：わかりました。どうも。

ダイアローグ2

混雑している空港内で、カウンターに向かう途中、キャリーバッグを誰かに引っかけてしまった。

あなた：**Excuse me, I'm on the waiting list...**

相手　：**Ouch!**

あなた：**Oh, excuse me! Are you all right?**

相手　：**Yes, it's OK.**

あなた：**I'm very sorry!**

〔訳〕

あなた：あのー、すみません、キャンセル待ちをしているんですが……。
相手　：痛いっ！
あなた：あっ、すみません！　大丈夫ですか？
相手　：ええ、大丈夫です。
あなた：ほんとに、すみません。

Excuse me.
Sorry!
Excuse me!

Excuse me?

えっ?

point! 「なんですって?」「すみません、もう一度言ってください」などの意味で使う。相手の言っていることが聴き取れなかったときに使う便利なフレーズ。

バリエーション

Sorry?
ソーリー

はい?

Excuse me 同様、Sorry の語尾を上げて言うだけで、聞き返しのフレーズとして使える。

What was it again?
ワッ ワズイッタゲン

もう一度言ってくれませんか。

きっちり聞き直すときに。

エクササイズ

えっ(なんですって)?
もう一度言ってもらえませんか?
はい?

ダイアローグ1

ホテルの部屋を電話で予約して、予約コードを言われたが。

相手　：**It's seventy dollars per night.**

あなた：**I'll take that room. My name is Suzuki.**

相手　：**All right. Your reservation code is CSI0630.**

あなた：**Sorry? I didn't catch that. What was it again?**

〔訳〕

相手　：一泊70ドルです。

あなた：じゃ、それにします。鈴木といいます。

相手　：かしこまりました。予約コードはCSI0630です。

あなた：はいっ？ ちょっと聞きとれませんでした。もう一度言ってもらえますか？

ダイアローグ2

ファストフード店で

相手　：**For here or to go?**

あなた：**Excuse me?**

相手　：**Do you want to eat it here or do you want to take it out?**

あなた：**Oh, take it out, please.**

〔訳〕

相手　：店内ですか、お持ち帰りですか？

あなた：はい？

相手　：店内で召し上がりますか、それとも、お持ち帰りにしますか？

あなた：ああ、なるほど。持ち帰りにしてください。

Excuse me?
What was it again?
Sorry?

That's right.

そうそう

point! 「まさに、そうです」「そうそう」という返事をするときに使う万能フレーズ。

バリエーション
Exactly.
エグザクトリー
そうなんです！　まさしく。その通り。

エクササイズ
まさに、そうです！
まさしく。
そうそう。

ダイアローグ1

ホテルにチェックインするときに。

相手　：**May I have your name, sir?**

あなた：**Tanaka.**

相手　：**Just a moment… Did you make a reservation with ABC Internet Service?**

あなた：**Yes, that's right, I did.**

〔訳〕

相手　：お名前をちょうだいできますでしょうか？

あなた：田中です。

相手　：少々お待ちを……ABCインターネットサービスから予約された田中様ですね？

あなた：はい、そうです。

ダイアローグ2

ホテルにチェックインするときに。

あなた：**I'd like to check in. My name is Tanaka.**

相手　：**Just a moment, please. Yes, Mr. Taro Tanaka. You're staying with us for two nights?**

あなた：**Exactly.**

〔訳〕

あなた：チェックインしたいのですが。田中です。

相手　：少々お待ちを。はい、田中太郎様、二晩のご宿泊でいらっしゃいますね？

あなた：そうです。

That's right!
Exactly.
That's right.

That's OK./It's OK.

気にしないで

point!
相手に謝られたときの定番フレーズ。「気にしないで」「大丈夫」「いいって」というようなニュアンス。もしくは、お礼に対して「気にしないで」と返すときに。

バリエーション

That's all right.
ダッツ　オーライ
かまいませんよ。

No problem.
ノー　プロブレム
大丈夫ですから。

エクササイズ
気にしないで。
かまいませんよ。
大丈夫です。

ダイアローグ1

混雑しているホテルロビーで、キャリーバッグを誰かに引っかけてしまった。

あなた：**I'd like to check out.**

相手　：**Ow!**

あなた：**Oh, very sorry! Are you all right?**

相手　：**Yes, it's OK.**

〔訳〕

あなた：チェックアウトお願いします。
相手　：痛いっ！
あなた：あっ、すみません！　大丈夫ですか？
相手　：ええ、大丈夫です。

ダイアローグ2

機内で席に座ろうとしたら、隣の人が荷物を整理中で座れない……。

相手　：**Oh, I'm sorry.**

あなた：**No problem.**

相手　：**Just a second.**

あなた：**Take your time.**

〔訳〕

相手　：あ、すみません。
あなた：かまいませんよ。
相手　：すぐ済みますから。
あなた：ごゆっくり。

4 あいさつ、呼びかけ、返事はこれだけでいい

That's OK.
That's all right.
No problem.

Not yet.

まだです

point! 質問に対して、このフレーズだけで答えればいいので便利。何がまだか、という部分まで言わなくても十分通じる。

バリエーション

I haven't …… yet.
アイ ハヴン イェッ

まだ……してません。

Not yet だけだと子どもっぽいと思う場合は、こちらの表現にステップアップしてみよう。

(I'm) Almost done.
アイム オールモスト ダン

もうすぐ終わります。

エクササイズ

まだ。
もうすぐ終るところ。
まだです。

ダイアローグ1

機内にて食事のサービスのあとで。

相手　：**Have you finished your meal?**

あなた：**Not yet. But can you take the tray? I'll just keep the cookies.**

相手　：**Sure.**

あなた：**Thanks.**

〔訳〕

相手　：お食事はお済みですか？
あなた：いえ、まだです。あ、でも、クッキーだけ取りますから、あとは下げてもらってもいいですか？
相手　：かしこまりました。
あなた：どうも。

ダイアローグ2

レストランにて。

相手　：**Hi. Are you ready to order?**

あなた：**Not yet. Could you give us a few minutes?**

相手　：**Sure.**

〔訳〕

相手　：ご注文はお決まりですか？
あなた：まだです。あとで来ていただけますか？
相手　：かしこまりました。

> 4 あいさつ、呼びかけ、返事はこれだけでいい

Not yet.
Almost done.
I haven't yet.

That's all.

それだけです／以上です

point!
「それだけです」「それで全部です」「以上です」という意味で使うフレーズ。ファストフード店で注文したいものをすべて言い終わったときに、That's all と言えば、会計をしてもらえる。

バリエーション

That's it.
ダッツィッ
それだけです。

That's all for now.
ダッツ オール フォ ナウ
とりあえず、それだけです。

エクササイズ
それだけです。
とりあえず、それだけです。
それだけ？

ダイアローグ1

ファストフード店で。

あなた：**Could I have two cheeseburgers and small fries to go?**

相手　：**Anything else?**

あなた：**No, that's all.**

相手　：**That'll be four dollars and ten cents.**

〔訳〕

あなた：チーズバーガーふたつに、フライドポテトのSをひとつ。持ち帰りで。
相手　：ほかに何か？
あなた：いいえ、それで全部です。
相手　：お会計は4ドル10セントです。

ダイアローグ2

レストランで。

相手　：**Have you decided?**

あなた：**Yes. I'll have a cup of onion soup and the broiled chicken with rice.**

相手　：**Would you like anything else?**

あなた：**No, that's all for now.**

〔訳〕

相手　：お決まりですか？
あなた：ええ。オニオンスープとチキンのライス添えをお願いします。
相手　：ほかに何か？
あなた：いえ、とりあえず、それだけです。

That's all.
That's all for now.
Is that all?

That's it.

それです

point!
「そう、それです!」という意味でも使えるし、「そうだ!」と応援するような意味でも使えるフレーズ。言い方によっては、「それぐらいで勘弁して」「それだけですってば」という意味にもなる。語尾を上げて、That's it? と言うと、暗に、「なんだ、それだけなの?」という意味になる。

バリエーション

That's right.
ダッツ ライ

そうです。

エクササイズ

それです。
それだけなの?
そうです。

ダイアローグ1

ホテルのフロントでレストランの問い合わせ。

あなた：**Hi. I'd like to know how to go to a steakhouse, I think it starts with a D.**

相手　：**Donovan's?**

あなた：**That's it!**

〔訳〕

あなた：あの、ステーキハウスへの行き方を教えてもらいたいんですが……D で始まる名前の。

相手　：ドノヴァンズですか？

あなた：そう、それです！

ダイアローグ2

ホテルのコンシェルジュとの会話。

あなた：**How much is that Candle Light Dinner?**

相手　：**One hundred and fifty-nine dollars.**

あなた：**Per person?**

相手　：**That's right.**

〔訳〕

あなた：キャンドル・ライト・ディナーっていくらですか？

相手　：159 ドルです。

あなた：ひとりあたり？

相手　：そうです。

That's it.
That's it?
That's right.

Go ahead.

(お先に)どうぞ

point! 「どうぞ」の意味で使える便利な言葉。相手に順番を譲ったり、何かを勧めたりするときに使う。ドアを開けてあげて、ひとこと Go ahead と言ったり、エレベーターの乗り降りで誰かを先に行かせてあげて Go ahead と言ったり、など。
「〜していいですか?」という質問をされて「どうぞ」と答えるときにも使える。

バリエーション

After you.
アフター ユー

お先にどうぞ。

Go ahead よりも、やや丁寧なフレーズ。

エクササイズ

(お先に)どうぞ。
お先にどうぞ。
どうぞ。

> 4 あいさつ、呼びかけ、返事はこれだけでいい

ダイアローグ1

飛行機から降りるとき、通路をはさんだ向かい側の人と顔を見合わせてしまい……。

あなた： **After you.**

相手　： **Thank you.**

〔訳〕

あなた：お先にどうぞ。
相手　：どうも。

ダイアローグ2

待合室で座っていたら、かばんを置いておいた隣の席に人が近づいてきて。

相手　： **Is this seat taken?**

あなた： **No, go ahead.**

相手　： **Thanks.**

〔訳〕

相手　：ここ、誰か座っていますか？
あなた：いいえ、どうぞ座ってください。
相手　：どうも。

4 あいさつ、呼びかけ、返事はこれだけでいい

Go ahead.
After you.
Go ahead.

Go on.

続けて

point!
「続けて」「そのままで」という意味のフレーズ。機内で席に座ろうとしたときに、隣の人が荷物の整理をやめて通してくれようとしたときに「そのまま続けてください」などという場合に便利。

4 あいさつ、呼びかけ、返事はこれだけでいい

バリエーション
Go ahead.
ゴー アヘッ
どうぞ。

エクササイズ
続けて。
そのままで。
どうぞ。

ダイアローグ1

ホテルの部屋に戻ったら、客室係が掃除中だった。

あなた：**Go on.**

相手　：**Sorry, I'm almost done.**

あなた：**That's OK.**

相手　：**Thanks.**

〔訳〕

あなた：続けてください。
相手　：すみません、もうすぐ終わりますので。
あなた：かまいませんよ。
相手　：どうも。

ダイアローグ2

機内で席に座ろうとしたら、隣の人が荷物を整理していて……。

相手　：**Oh, sorry.**

あなた：**Go ahead.**

相手　：**I'll just be a second.**

あなた：**Take your time.**

〔訳〕

相手　：あ、すみません。
あなた：どうぞそのままで。
相手　：すぐ済みますから。
あなた：ごゆっくり。

Go on.
Go on.
Go ahead.

Why not?

いいよ

point! 相手の提案に対して、いいよ、もちろん、と返事をするときのひとこと。Of course や Sure とだいたい同じ。

4 あいさつ、呼びかけ、返事はこれだけでいい

バリエーション

Sure.
シュア

ぜひ。

エクササイズ

もちろん。
ぜひ（そうしましょう）。
もちろん。

ダイアローグ1

現地ガイドと。

相手　：**Shall we go?**
あなた：**Why not?**
相手　：**Did you bring your camera?**
あなた：**Yep, got it.**

〔訳〕

相手　：行きませんか？
あなた：そうですね。
相手　：カメラは持ってきましたか？
あなた：ええ、もちろん。

ダイアローグ2

氷河クルーズ船のなかで、隣の席に人が来て。

相手　：**Can I sit here?**
あなた：**Sure. It's open.**
相手　：**Did you go up to the deck?**
あなた：**Yeah, but it was too cold there.**

〔訳〕

相手　：ここ、座っていいですか？
あなた：もちろん。誰もいませんから。
相手　：デッキに出てみました？
あなた：ええ、でも寒すぎて。

4 あいさつ、呼びかけ、返事はこれだけでいい

Why not?
Sure.
Sure.

I don't think so.

いいえ

point! やんわり断るときに便利なフレーズ。何かを確認されて「まだ……してもらっていません」と答えるときや、相手の提案を却下するときなどの、婉曲表現として万能だ。もちろん「私はそうは思わない」という、そのままの意味でも使う。

バリエーション

Thanks, but I'm OK.
サンクス バッ アイム オケイ
どうも、でもいいです。

エクササイズ

（婉曲的に）いいえ。
どうも、でもいいです。
そうじゃないと思います。

ダイアローグ1

店で。

相手 ：**Is someone taking care of you?**
あなた：**I don't think so.**
相手 ：**May I help you?**
あなた：**Yes. I'm looking for the shoes department.**

〔訳〕

相手 ：ご用は承っておりますか？
あなた：いいえ。
相手 ：何かお探しでいらっしゃいますか？
あなた：ええ、靴売り場はどこでしょう。

ダイアローグ2

バーで話しかけられて……。

相手 ：**Are you having a good time?**
あなた：**Yeah.**
相手 ：**Why don't you join us?**
あなた：**Thanks, but I'm OK.**

〔訳〕

相手 ：楽しんでる？
あなた：まあね。
相手 ：一緒に飲まない？
あなた：どうも、でもやめとくよ。

4 あいさつ、呼びかけ、返事はこれだけでいい

I don't think so.
Thanks, but I'm OK.
I don't think so.

Same here.

私も

point! 「私も同じく」という意味で多用される表現。ほかに、相手が言った内容に応じて、So do I や So am I という言い方もある。Me too というのは、これよりくだけた言い方。

4 あいさつ、呼びかけ、返事はこれだけでいい

バリエーション

Me too.
ミー トゥー
同じく。

So did I.
ソー ディダイ
同じく。

エクササイズ

私も同じく。

私も同じく。

(I visited Nazca. に対して) 私も同じく。

ダイアローグ1

カフェで注文をするときに。

友人　：**A cup of coffee, please.**

あなた：**Same here, but make mine a soy cappuccino.**

〔訳〕

友人　：コーヒーください。
あなた：私も。でも、こっちは豆乳カプチーノにしてください。

ダイアローグ2

バスの中で隣の人とおしゃべり。

相手　：**I visited Nazca before I came to Machu Picchu.**

あなた：**So did I! Did you join a Cessna tour?**

相手　：**Yeah. The Nazca lines were great, but I felt a little sick on the plane.**

あなた：**So did I!**

〔訳〕

相手　：マチュピチュに来る前、ナスカに行ったんです。
あなた：私もです！　セスナに乗りました？
相手　：ええ。地上絵はすばらしかったけど、酔っちゃって。
あなた：同じです！

4 あいさつ、呼びかけ、返事はこれだけでいい

Same here.
Me too.
So did I.

Just looking.

見てるだけです

point! お店に入って、May I help you? と聞かれたときに、返事をするときの定番フレーズ。

4 あいさつ、呼びかけ、返事はこれだけでいい

バリエーション

I'm just looking.
アイム ジャス ルッキン
見てるだけです。

I'm just looking around.
アイム ジャス ルッキン ガラウン
ちょっと見せてもらってます。

エクササイズ
見てるだけです。
見てるだけです。
ちょっと見て回ってるだけです。

ダイアローグ1

ショッピング中に。

相手　：**What can I do for you?**
あなた：**Oh, just looking.**
相手　：**If you need any help, just let me know.**
あなた：**Thanks. I'll let you know.**

〔訳〕

相手　：いらっしゃいませ、何かお探しですか？
あなた：見てるだけです。
相手　：では、必要がありましたら、お声かけくださいね。
あなた：どうも。あとでお願いしますね。

ダイアローグ2

国立公園にて、説明係らしき人が近づいてきて。

相手　：**Hi. Do you need a guide?**
あなた：**No, I'm just looking around.**
相手　：**If you'd like to join our guided tour, let me know. It's free.**
あなた：**Thanks. What time does it start?**

〔訳〕

相手　：ようこそ。ガイドは必要ですか？
あなた：ええと、ちょっと見て回ります。
相手　：無料のガイド付きツアーもありますから、必要だったら言ってください。
あなた：どうも。何時スタートなんですか？

> **Just looking.**
> **I'm just looking.**
> **I'm just looking around.**

Over there.

あちらです

point! 「あちら」に相当するフレーズ。実際に目に見える範囲の「あちら」を指すほかに、自分がこれから向かう旅行先を指して言うこともできる。

バリエーション

Up there. / Down there.
アップ デア / ダウン デア

あちら。

自分がいる場所より上のほうを up there、下のほうを down there という。

エクササイズ

あちらです。
あちらです。(上のほうの)
あちらです。(下のほうの)

ダイアローグ 1

ホテルにチェックインするときに。

相手　：**Where's your luggage?**

あなた：**Over there.**

相手　：**All right, I'll have a porter send your luggage to your room.**

あなた：**Thank you.**

〔訳〕

相手　：お荷物は？
あなた：あちらです。
相手　：かしこまりました、ポーターにお部屋まで運ばせますので。
あなた：ありがとう。

ダイアローグ 2

レストランにて。

あなた：**Where is the restroom?**

相手　：**Up there. Can you see the yellow door?**

あなた：**OK. Thanks.**

相手　：**No problem.**

〔訳〕

あなた：お手洗いはどこでしょう？
相手　：あちらです。黄色いドアが見えますか？
あなた：ええ、ありがとう。
相手　：どういたしまして。

Over there.
Up there.
Down there.

column 12　知っておきたい単語と表現

街・ショッピング

郵便局	post office (ポスト フィス)
警察署	police station (ポリース テイション)
地下鉄	subway (サブウェイ)(米) / underground (アンダーグラウン)(英) / tube (テューブ)(英)
バス停	bus stop (バス トップ)
交差点	intersection (インタセクション)
横断歩道	pedestrian crossing / crosswalk (ペデストリアン クロスィン / クロスウォーク)
信号機	traffic light (トラフィック ライ)
ATM	cash dispenser (キャッシュ ディスペンサー)
劇場	theater (スィアター)
免税店	duty-free shop (デューティフリー ショップ)
ショッピングモール	shopping mall (ショッピン モール)
デパート	department store (ディパートメン ストア)
スーパー	supermarket (スーパー マーケッ)
食料品店	grocery store (グローサリー ストア)
コンビニ	convenience store (コンヴィーニエン ストア)
ドラッグストア	drugstore (ドラッグストア)
薬局	pharmacy (ファーマスィー)
レジ	cash register / checkout counter (キャッシュ レジスター / チェッカウ カウンター)
化粧室	restroom (レスルーム)
エレベーター	elevator (エレヴェイター)
エスカレーター	escalator (エスカレイター)
試着室	dressing room / fitting room (ドレッスィン ルーム / フィティン ルーム)
紳士服	men's clothing (メンズ クローズィン)
婦人服	women's clothing (ウィメンズ クローズィン)
飲み物	beverages (ベヴァレッジズ)
アルコール類	liquor (リカー)
ギフト・土産物	gifts & souvenirs (ギフツェンス ヴェニアズ)

Chapter 5
これが言いたかった！「ツボ」フレーズ30

「がんばります」「とりあえず」「気にすんなって」「ちょっと様子を見させてください」「どっちでもいいです」「私もです」などなど、普段日本語でよく使っている表現が英語でも言えたらいいのに。そんなニーズに応えるのがこの章です。具体的にどんなふうに使えばいいか、会話サンプルで確認して、どんどんしゃべってみましょう。

「～みたいなんだけど」というような、トークをちょっとやわらかくしたいときの表現も収録しています。ぜひ活用してみてください。

I'll try.

がんばります

point! 「がんばります!」「やってみるよ!」は、日本語でよく使う表現。普段言いなれている言葉を、英語でも言えるようにしておくと、会話がスムーズにできるようになる。ちなみに、「がんばって」と励ます場合は、Good luck! や Take it easy がぴったりだ。

バリエーション
I'll do my best!
アイル ドゥ マイ ベスト
がんばるよ!

エクササイズ
がんばります。
ベストを尽くします。
がんばって急ぐようにします。

ダイアローグ1

大人気のレストランの予約をコンシェルジュに頼んでみる。

あなた：**Could you try to reserve a table at Tony's for tonight or tomorrow night?**

相手　：**I'll do my best, but don't count on it.**

あなた：**OK. I'll take my chances.**

〔訳〕

あなた：トニーズの予約をしてみてもらえませんか、今晩か、明日の夜。

相手　：やってみますが、期待しないでくださいね。

あなた：まあ、運だめしってことで。

ダイアローグ2

観光の途中、どうしてもショッピングがしたくて、ガイドに頼んでみる。

あなた：**I'd like to do some shopping here.**

ガイド：**OK, but I can only give you fifteen minutes.**

あなた：**I'll try and make it quick.**

ガイド：**I'll be waiting for you in the van.**

〔訳〕

あなた：ここでちょっと買い物がしたいんですが。

ガイド：いいですけど、時間は15分くらいしかとれませんよ。

あなた：がんばって急ぐようにします。

ガイド：車でお待ちしてますから。

I'll try.
I'll do my best.
I'll try and make it quick.

Oh, no!

うっそー／えーっ？

point! 驚いたときのひとこと。落胆気味の驚き、うれしい驚き、どんなときでも使える。「がんばります!」同様、日常的に口をついて出てくる表現を、英語でも言えるようにしておくと、だんぜん会話が楽しくなるし、ノリがよくなる。旅の途中びっくりするようなことに出合ったら、思い切って Oh, no! と口に出してみよう。ほかに、Unbelievable!（信じられない!）や、Really?（ほんとに?）もある。

バリエーション

Oh, my god. / Gosh.
オー　マイ　ガッ　　ゴーシュ

ああ、どうしよう。（不快な驚きの表現として）

エクササイズ

うっそー。
えーっ？
ああ、どうしよう。

ダイアローグ1

ホテルのメインダイニングの予約を頼んだが……。

あなた：**Could you make a reservation at eight?**

相手　：**I'm afraid all the tables are taken.**

あなた：**Oh, no! How about at nine?**

相手　：**Let me check.**

〔訳〕

あなた：8時に予約したいんですが。
相手　：申し訳ありませんが、満席でございます。
あなた：ええーっ？ じゃあ9時はどうですか？
相手　：お調べします。

ダイアローグ2

乗り継ぎ便のゲートに向かったら、キャンセルを告げられた。

相手　：**This flight is cancelled.**

あなた：**Oh, my god! Could you put me on another flight?**

相手　：**Certainly.**

〔訳〕

相手　：この便はキャンセルされました。
あなた：ええっ、どうしよう！ 別の便を手配してもらえませんか？
相手　：かしこまりました。

Oh, no!
Oh, no!
Oh, my god.

For now.

とりあえず

point! 今のところは、さしあたって、現時点では……など、日本語でしょっちゅう使う表現にぴったりなのがこれ。レストランで、あとで追加を頼むかもしれないけれど、今のところはこれで、というようなときにも便利だ。

いちばん使えるひとこと

For now, no.
フォ ナウ ノー

今のところはないです。

That's all for now.
ダッツ オール フォ ナウ

とりあえず、それで全部です。

エクササイズ

今のところは。
とりあえず、それで全部です。
とりあえず、バイバイ。

ダイアローグ1

レストランで。

相手　：**Anything else?**
あなた：**That's all for now.**
相手　：**All right. I'll be right back.**

〔訳〕

相手　：ほかにご注文は？
あなた：とりあえず、それで全部です。
相手　：かしこまりました。すぐお持ちします。

ダイアローグ2

観光ツアーの説明を受けて。

相手　：**Any questions?**
あなた：**I think no, for now.**
相手　：**Are you sure?　Then, let's get started.**

〔訳〕

相手　：何かご質問は？
あなた：ないです、とりあえず。
相手　：ほんとに？　じゃ、行きましょうか。

5 これが言いたかった！「ツボ」フレーズ30

For now.
That's all for now.
Bye for now.

Just in case.

念のため

point! 「なんで（〜してるの）？」と聞かれたときなどに、「念のため」と答えることって多いと思う。こんなひとことも英語で言えるようにしておくと、言葉につまることがだんぜん減るだろう。

バリエーション

……, just in case.
ジャスティン ケイス

念のためにね。

エクササイズ

念のために。

念のため、傘を持っていこうっと。

念のため、あなたの電話番号教えて。

ダイアローグ1

クロークに預けようとした荷物から、あわてて何かを取り出そうとして……。

相手 ：**What's wrong?**

あなた：**I'm taking an umbrella, just in case.**

相手 ：**I see.**

〔訳〕

相手 ：どうかなさいました？
あなた：念のために傘を持っていこうと思って。
相手 ：なるほど。

ダイアローグ2

現地ガイドと連絡先の交換。

あなた：**I would like you to have my cell phone number, just in case.**

相手 ：**Thanks. Here is my number.**

あなた：**Thank you.**

〔訳〕

あなた：念のため、携帯電話の番号を渡しておきますね。
相手 ：どうも。私の番号はこれです。
あなた：どうも。

Just in case.
I'm taking an umbrella, just in case.
Tell me your phone number, just in case.

Trust me.

まかせて！

point! 大丈夫！心配するな！まかせとけ！と言いたいときに、ぴったりなひとこと。「〜のことなら、おまかせください」という場合は、when it comes to……という表現をあわせて使おう。「ワインのことなら、まかせて」という場合は、Trust me when it comes to wine となる。

バリエーション

Leave it up to me.
リーヴィット アップ トゥ ミー
まかせてください。

エクササイズ
まかせて！
まかせてください。
ワインのことならおまかせください。

ダイアローグ1

観光ツアーの移動中、突然タイヤがパンク。ドライバーさんが張り切って……。

相手　：**I'm gonna change the tire.**

あなた：**By yourself?**

相手　：**Yeah. Trust me!**

あなた：**Good luck.**

〔訳〕

相手　：タイヤ交換します。
あなた：自分で？
相手　：うん、まかせて。
あなた：がんばって。

ダイアローグ2

レストランで。

相手　：**Would you like something to drink?**

あなた：**I don't know which one to choose. Pinot Noir or Merlot.**

相手　：**Trust me when it comes to wine.**

あなた：**Really? What do you recommend?**

〔訳〕

相手　：お飲み物は何になさいますか？
あなた：ピノノワールかメルローか、どっちにしようか迷ってて。
相手　：ワインのことならおまかせください。
あなた：ほんとに？　じゃあ、おすすめは？

Trust me!
Leave it up to me.
Trust me when it comes to wine.

Almost!

おしい!

point! 「おしい!」「もう少しで〜できたのにね!」というときのワンフレーズ。できなかった、ではなく、あと少しでできる、というポジティブなところがポイント。

バリエーション

Close!
クロース

おしい!

エクササイズ
おしい!
おしい!
おしい!　もうちょっとで入るところだったのに!

ダイアローグ 1

そばにいる人が、食べ終わったガムを紙に包んでゴミ箱へ投げたが、はずれてしまって……。

あなた：**Almost!**

相手　：**I'll make it this time!**

あなた：**Good luck.**

〔訳〕

あなた：おしい！
相手　：今度こそ！
あなた：がんばって。

ダイアローグ 2

現地ツアーの仲間と買ったものを見せあいながら。

相手　：**Guess how much I paid for this.**

あなた：**Five dollars?**

相手　：**Close! Four dollars and fifty cents.**

〔訳〕

相手　：いくらで買ったと思います？
あなた：5ドルぐらい？
相手　：おしい！　4ドル50セントでした。

Almost!
Close!
Almost in!

Are you sure?

ほんと?

point!
聞いた話を、軽く確認するときに使うフレーズ。困ったことを言われたときなどにも使える。
あいづちの要素が強いのは、Is that right? で、「うそ、冗談でしょ!」という段階が Are you kidding?、「ありえない!」という段階が Are you serious? となる。

バリエーション

Are you serious?
アー　ユー　スィリアス

マジで?

何か、とんでもないことが起こったときに。

エクササイズ
ほんと?
冗談でしょ?
マジで?

ダイアローグ1

ホテルに予約の電話をかけて……。

相手　：**ABC Hotel. May I help you?**
あなた：**Do you have a single room available tonight?**
相手　：**Sorry, there are no more vacancies.**
あなた：**Are you sure?**

〔訳〕

相手　：ABCホテルでございます。
あなた：今晩、一人部屋空いてますか?
相手　：申し訳ございません、満室でして。
あなた：ほんと?

ダイアローグ2

チェックインしようとした便がオーバーブッキングで……。

あなた：**Checking in, please.**
相手　：**This flight is overbooked.**
あなた：**Are you sure?**
相手　：**We're looking for some volunteers to take a later flight. How about you?**

〔訳〕

あなた：チェックイン、お願いします。
相手　：こちらの便はオーバーブッキングになっておりまして。
あなた：ええっ!
相手　：後の便に代わってくださるお客様を探しております。いかがでしょうか?

Are you sure?
Are you kidding?
Are you serious?

Don't worry about it.

大丈夫／気にしないで

point! 「心配するなよ、そんなこと」というニュアンスのフレーズ。日本語で「気にしないで」「大丈夫」なんて言いたいシーンにぴったりの英語だ。相手が失敗して謝っているときには、このひとことをかけてあげよう。

バリエーション

ドン　ウォーリー　アバウ　ミー
Don't worry about me.
私は大丈夫です。

エクササイズ

大丈夫。
気にしないで。
私のことは気にしないで。

ダイアローグ1

現地で知り合った人とバーで飲んでいて。

あなた：**I've gotta go.**
相手　：**OK. This is on me.**
あなた：**No, I can't let you do that.**
相手　：**Don't worry about it.**

〔訳〕

あなた：そろそろ行かなきゃ。
相手　：そうか。じゃ、これはこっちのおごりで。
あなた：それはだめですって。
相手　：いいって、いいって。

ダイアローグ2

トレッキング中、遅れている自分を気づかってくれたツアー仲間に。

相手　：**Are you all right? Do you need any help?**
あなた：**Thanks. But don't worry about me.**
相手　：**Are you sure?**
あなた：**Yes. I'm sure.**

〔訳〕

相手　：大丈夫？　何かしてあげられることは？
あなた：どうも。でも大丈夫。
相手　：ほんとに？
あなた：ええ、ほんとに。

Don't worry about it.
Don't worry about it.
Don't worry about me.

Never mind.

気にしないで

point! 誰かに謝られたときの返しのフレーズとして覚えておくと便利。そのほかに、英語で思い切って冗談を言ってみたものの、通じず相手が困惑――こんな困った状況をリセットするときの、「あっ、何でもないです…」というときにも使える便利なフレーズだ。覚えておこう!

バリエーション

I don't mind.
アイ ドン マイン
かまいません。

エクササイズ
気にしないで。
かまいません。

ダイアログ1

ホテルのクロークで。

相手　：**Here you are.**

あなた：**Oh, this jacket is not mine.**

相手　：**I'm sorry.**

あなた：**Never mind.**

〔訳〕

相手　：こちらでございますね。
あなた：あれ、これ私のじゃないですが。
相手　：失礼いたしました。
あなた：かまいませんよ。

ダイアログ2

店員さんに対して、がんばってジョークを言ってみたが、通じなかった。

相手　：**Sorry? I couldn't catch you.**

あなた：**Never mind. It was nothing.**

〔訳〕

相手　：あの、なんておっしゃいました？
あなた：気にしないで。大したことじゃないから。

Never mind.
I don't mind.

Take your time.

あわてないで／ごゆっくりどうぞ

point!
「ごめんなさい、ちょっと待ってくださいね」と言われたときに、その相手を気づかう返事として便利なひとこと。もしくは、荷物の積み込みを、乱暴にしないで、ゆっくり丁寧にやってもらいたい、というときにも使える。

いちばん使えるひとこと

Please take your time.
プリーズ テイク ヨー タイム
急がなくてけっこうですよ。

エクササイズ
あわてないで。
ごゆっくりどうぞ。
急がなくてけっこうですよ。

ダイアローグ1

店で。

相手　：**Can I help you?**

あなた：**I'm just browsing, thanks.**

相手　：**Take your time.**

〔訳〕

相手　：何かお探しですか？
あなた：ちょっと見てるだけですから。
相手　：ごゆっくりどうぞ。

ダイアローグ2

ホテルのベルデスク。話しかけようと思ったら、荷物の整理に忙しそうで……。

相手　：**Sorry, I'm almost done.**

あなた：**That's OK. Please take your time.**

相手　：**Thanks. I'll be back right away.**

〔訳〕

相手　：すみません、あとちょっとで終わりますから。
あなた：かまいません、ごゆっくりどうぞ。
相手　：ありがとうございます、すぐ戻りますから。

Take your time.
Take your time.
Please take your time.

We'll see.

ちょっと、様子をみます

point! 完全に断るわけではないが、とりあえずNOという場合の返事として便利。複数でいるときはWe'll see、自分ひとりならI'll seeを使う。何の様子をみるのか、はっきり言う場合は、We'll see whether……を使う。時間があるかどうか様子をみようという場合は、We'll see whether we have time or notとなる。

バリエーション

I'll see.
アイル スィー

とりあえず、今はいいです。

レストランでワインのお代りをすすめられたとき、ショッピング中、店員に何かをすすめられたときなどに。

エクササイズ
ちょっと、様子をみます。
ちょっと、考えます。

ダイアローグ1

レストランで。ビールが終わりかけていると……。

相手　：**Some more?**

あなた：**We'll see.**

相手　：**OK. If you need something, please let me know.**

あなた：**Thanks.**

〔訳〕

相手　：お代わりいかがですか?
あなた：とりあえず、いいです。
相手　：何かありましたら、お声をかけてくださいね。
あなた：どうも。

ダイアローグ2

旅行代理店で、観光ツアーを検討。

相手　：**Would you like to make a reservation now?**

あなた：**Well, I'll see. Can I have some information?**

相手　：**Here's our brochure. You can make a reservation by phone.**

あなた：**Thank you.**

〔訳〕

相手　：今予約なさいますか?
あなた：ええと、とりあえず今はいいです。何か資料をもらえます?
相手　：こちらがパンフレットです。予約はお電話でもできますので。
あなた：どうも。

We'll see. / I'll see.
We'll see. / I'll see.

I'll pass.

やめときます

point! 申し出を断わるときや、商品の購入をやめるときなどのひとこと。「遠慮しておきます」にもあたる。I think をつけて、I think I'll pass と言うと、少しマイルドになる。

いちばん使えるひとこと
アイル　パス　ディス　タイム
I'll pass this time.
今回はやめときます。

エクササイズ
やめときます。
遠慮しておきます。
今回はパスします。

ダイアローグ 1

レストランで。

相手　：**Would you care for dessert?**
あなた：**I think I'll pass.**
相手　：**Are you sure?**
あなた：**Yes. There's no more room.**

〔訳〕
相手　：デザートはいかがですか？
あなた：やめておきます。
相手　：ほんとうに？
あなた：ええ、おなかがいっぱいなんで。

ダイアローグ 2

洋服を試着したあとで。

相手　：**Have you decided?**
あなた：**Sorry, I'll pass this time.**
相手　：**OK. Please come again!**

〔訳〕
相手　：お決まりですか？
あなた：すみません、今回はやめておきます。
相手　：そうですか。またのご来店をお待ちしています。

I'll pass.
I'll pass.
I'll pass this time.

You decide.

おまかせします

point! 相手に決定をゆだねるときに使う表現。You decide や It's up to you（あなた次第です）が、日本語の「おまかせします」にあたる表現かもしれないが、多用しすぎるのは禁物。できるだけ自分の考えを言うようにしよう。

バリエーション

Would you decide?
ウッジュー ディサイ
決めてもらえます？

エクササイズ
おまかせします。
決めてもらえます？

ダイアローグ 1

観光の途中で、ガイドに質問されて。

相手　：**Shall we have lunch here or at that restaurant?**

あなた：**You decide.**

相手　：**OK.**

〔訳〕

相手　：ランチはここで食べますか？　それともあっちのレストランにします？
あなた：おまかせします。
相手　：わかりました。

ダイアローグ 2

タクシーで目的地まで来たが、停める場所をきかれて。

相手　：**Where do you want me to stop? Near the main gate or the east gate?**

あなた：**I'm not sure… Would you decide?**

相手　：**OK.**

〔訳〕

相手　：どこで停めます？　正門、それとも東門？
あなた：よくわからないから……決めてもらえます？
相手　：わかりました。

You decide.
Would you decide?

It's up to you.

まかせます／あなた次第

point! 相手に判断をまかせるとき、もしくは、「あなた次第でどうにもなることだよ」と指摘するときのフレーズ。

バリエーション

It's all up to you.
イッツ オール アップ トゥ ユー
おまかせします。

Up to you.
アップ トゥ ユー
好きにして。

エクササイズ
おまかせします。
おまかせします。
あなた次第です。

ダイアローグ1

観光の途中で、ガイドに質問されて。

相手 ：**Shall we have lunch here or at that restaurant?**

あなた：**It's up to you.**

相手 ：**OK.**

〔訳〕

相手 ：ランチはここで食べますか？ それともあっちのレストランにします？

あなた：おまかせします。

相手 ：わかりました。

ダイアローグ2

トレッキング中、頂上の手前で、待機か継続か判断を迫られて。

相手 ：**Are you all right?**

あなた：**Well, yes and no. I'm OK but tired.**

相手 ：**Do you want to come with us or stay here? It's all up to you.**

あなた：**I'll stay here. I'll be waiting for you.**

〔訳〕

相手 ：大丈夫ですか？

あなた：うーん、なんとも。大丈夫ですけど、へとへと。

相手 ：一緒に来ますか？ それともここで待ってますか？ あなた次第です。

あなた：ここにいることにします。待ってます。

It's up to you.
It's all up to you.
Up to you.

…… will do.

……でいいです

point!

それでいいです、どちらでもいいです、どこでもいいです、などなど、普段よく使う「〜でいいです」にぴったりなのが、…… will do。なんでも相手まかせにするのは良くないが、この言葉を使いこなせるようになると、答えにつまって沈黙する、なんてことが減るかもしれない。

いちばん使えるひとこと

This will do.
ディス　ウィル　ドゥ

これでいいです。

Either (of them) will do.
イーダー(アイダー)　オブ　デム　ウィル　ドゥ

どっちでもいいです。

エクササイズ

これでいいです。
どっちでもいいです。
どこでもいいです。

ダイアローグ1

ベランダ席のあるレストランで。

相手　：**Inside or outside?**
あなた：**Either will do.**
相手　：**This way, please.**

〔訳〕

相手　：中と外、どちらがよろしいですか？
あなた：どちらでも。
相手　：こちらへどうぞ。

ダイアローグ2

部屋までポーターが荷物を持ってきてくれて……。

相手　：**Where would you like me to put this bag?**
あなた：**Anywhere will do.**
相手　：**OK, I'll put it here.**

〔訳〕

相手　：このかばん、どちらに置きましょうか？
あなた：どこでもいいです。
相手　：では、こちらに置きますね。

This will do.
Either will do.
Anywhere will do.

Here's fine.

ここでいいです

point! タクシーに乗ったときの必須のひとこと。どこの前とか、どこの角とか、詳しく言うのが難しい場合は、降りたい地点に近づいて来たときにこう言うのが便利だ。

バリエーション

Here's fine with me.
ヒアズ ファイン ウィズ ミー

私はここでいいです。

Let me off here.
レッ ミー オフ ヒア

ここで降ろしてください。

エクササイズ

ここでいいです。
私はここでいいです。
ここで降ろしてください。

ダイアローグ1

タクシーで目的地に近づいてきて……。

あなた：**Here's fine.**

相手　：**OK. Five fifty.**

あなた：**Here. Keep the change.**

〔訳〕

あなた：ここでいいです。
相手　：どうも。5ドル50セントです。
あなた：はい、お釣りは取っておいてください。

ダイアローグ2

タクシーで目的地に近づいてきて……。

あなた：**Here's fine.**

相手　：**Pardon?**

あなた：**Let me off here.**

相手　：**All right.**

〔訳〕

あなた：ここでいいです。
相手　：はい？
あなた：ここで降ろしてください。
相手　：了解。

Here's fine.
Here's fine with me.
Let me off here.

I'm lost.

(道に)迷っちゃった／(話が)わからなくなった

point! 道に迷ったときのほかに、話が見えなくなってしまったときにも使えるフレーズ。話がわからない、という意味で I'm lost を使う場合、「私の理解力が足りないせいで、わからなくなった」というニュアンスがある。

いちばん使えるひとこと

アイム ソーリー　アイム ロース
I'm sorry. I'm lost.
すみません、話についていけてないんですけど。

エクササイズ

道に迷っちゃった。
道に迷っちゃったらしい。
すみません、話についていけてません。

ダイアローグ1

道で地図を広げてキョロキョロしていたら……。

相手　：**What's the matter?**

あなた：**I think I'm lost. Where am I now on this map?**

相手　：**Let me see. You are here.**

〔訳〕

相手　：どうかしましたか？

あなた：道に迷ってしまったみたいで。今この地図のどこにいるんでしょう？

相手　：ええと、ここにいますね。

ダイアローグ2

ホテルで免税手続きの説明を受けて……。

相手　：**When you buy something, you must get a VAT form.**

あなた：**Uh-huh.**

相手　：**At the airport, go to "Value-added tax reimbursement" and show that form. OK?**

あなた：**Mm... sorry, I'm lost.**

〔訳〕

相手　：何か買ったときには、免税書類をもらってください。

あなた：ええ。

相手　：空港に行ったら、「付加価値税還付」ってところに行って、その書類を見せるんです。

あなた：ええと……すみません、話についていけてません。

I'm lost.
I think I'm lost.
Sorry, I'm lost.

So do I.

私もです

point! 相手の言ったことに対して「自分もそうです」と同意を示すときの定番フレーズ。Me too だけではなく、So do I や So am I が使いこなせるようになると、返事のバリエーションががぜん増してくる。Me too は「私も！」という感じの、かなりくだけた言い方だということも覚えておこう。

バリエーション

So am I.
ソー アマイ
自分もそうです。

エクササイズ

私もそうです。（I like spicy food. に対して）
私もそうです。（I'm tired. に対して）

ダイアローグ1

現地ツアーの仲間とちょっとおしゃべり。

相手　：**I have a dog.**

あなた：**So do I. What kind of dog do you have?**

相手　：**A spitz. How about you?**

あなた：**A black miniature poodle.**

〔訳〕

相手　：私は犬を飼ってましてね。
あなた：私もです。どんな犬ですか？
相手　：スピッツですが、あなたは？
あなた：黒のミニチュアプードルです。

ダイアローグ2

ホテルのスタッフとちょっとおしゃべり。

相手　：**How are you doing?**

あなた：**Fine, but tired.**

相手　：**So am I. It's really hot and humid today, isn't it?**

あなた：**Yes.**

〔訳〕

相手　：ごきげんいかがですか？
あなた：どうも、ちょっと疲れちゃってます。
相手　：私もです。すごく暑いし湿度が高いですからねえ。
あなた：ええ。

So do I.
So am I.

Neither do I.

私もです（内容が否定の場合）

point! 私もです、と同意する内容が否定の場合は、soではなくneitherを使うので要注意。So do IやSo am Iが使いこなせたら、こちらもどんどん会話に取り入れていこう。

バリエーション

Neither am I.
ニーダー(ナイダー)　アマイ

私も〜ではありません。

エクササイズ

私もそうです。（I don't like curry. に対して）

私もそうです。
（I'm not interested in shopping. に対して）

ダイアローグ1

現地ツアー仲間とランチ中におしゃべり。

相手　：I don't like spicy food very much.
あなた：Neither do I. But curry is an exception.
相手　：Oh, really?

〔訳〕

相手　：辛いものってあんまり得意じゃなくて。
あなた：私もそうです。でもカレーだけは別。
相手　：そうなんだ?

ダイアローグ2

現地ツアー仲間とランチ中におしゃべり。

相手　：I'm not interested in shopping at all.
あなた：Neither am I. But I'm interested in drinking!
相手　：So am I! Cheers!

〔訳〕

相手　：買い物にはまったく興味がないねえ。
あなた：私もです。私が興味があることと言えば、飲むこと。
相手　：同感。乾杯!

Neither do I.

Neither am I.

…… doesn't work.

……が故障してます

point! 故障というと、out of order を思い浮かべる人も多いと思うが、「ちゃんと動かない、ちゃんと機能しない」と言うときには、work を使った表現が一般的。故障のほかに、ものごとがうまくいかない、というときも It doesn't work で表現できる。

バリエーション

I think …… doesn't work.
アイ スィンク ダズン ワーク

……が故障してるみたいなんですけど。

エクササイズ

エアコンの調子が悪いんですけど。
このヘッドホン、壊れてます。

ダイアローグ1

ホテルの部屋のエアコンがおかしい。

あなた：**I think** the air conditioner **doesn't work.**

相手　：**What's your room number?**

あなた：**Seventeen, seventeen.**

相手　：**1717. OK, I'll send someone to check it right away.**

〔訳〕

あなた：エアコンが壊れてるみたいなんですけど。
相手　：お部屋番号は？
あなた：1717です。
相手　：1717ですね。ただいま誰か行かせます。

ダイアローグ2

機内で。

あなた：**This headset doesn't work.**

相手　：**Yeah? Let me have a look.**

あなた：**Could I have another one?**

〔訳〕

あなた：このヘッドホン、壊れてます。
相手　：そうですか？　チェックしてみます。
あなた：交換してもらえませんか？

I think the air conditioner doesn't work.
This headset doesn't work.

What's the difference?

何が違うの?

point! 買い物の途中や、オプショナルツアーの内容をチェックしているときなど、詳しい説明をしてもらいたいときに便利なフレーズ。

バリエーション

What's the difference between this and that?
ワッツ ダ ディファレンス ビトウィン ディス エン ダッ

こっちとあっち、何が違うんですか?

エクササイズ

どこが違うの?

これとあれ、どこが違うの?

AとBの違いって何ですか?

ダイアローグ1

店で、靴を二種類見せられて。

相手　：**These are fifty-nine dollars and ninety-nine cents, and these are eighty-nine dollars and ninety-nine cents.**

あなた：**What's the difference?**

相手　：**These are artificial leather and these are real.**

〔訳〕

相手　：こちらは59ドル99セント、こちらは89ドル99セントです。

あなた：何が違うんですか?

相手　：こちらは合成皮革で、こちらは本革です。

ダイアローグ2

スパでメニューを見ながら。

相手　：**What would you like today?**

あなた：**I'll try a facial.**

相手　：**OK. Here's the menu for you.**

あなた：**What's the difference between "Sweet Soother" and "Pure Radiance"?**

〔訳〕

相手　：本日はいかがなさいますか?

あなた：フェイシャルをお願いしたいんですが。

相手　：かしこまりました。こちらがメニューです。

あなた：「スウィートスーザー」と「ピュアレイディエンス」の違いってなんですか?

What's the difference?
What's the difference between this and that?
What's the difference between A and B?

What does that mean?

それってどういう意味?

point! 言われたことの意味がわからないときに、「それってどういう意味?」と確認するときに便利なフレーズ。上記の that の代わりに、わからない言葉を具体的に指して質問することもできる。

バリエーション

What does …… mean?

……ってどういう意味?

エクササイズ

それってどういう意味?
ETA ってどういう意味?
BYO ってどういう意味?

ダイアローグ 1

空港のカウンターで。

相手 ： **This is your itinerary. Your flight will depart at 2 p.m., and ETA is 7 in the morning.**

あなた： **What does ETA mean?**

相手 ： **Estimated time of arrival.**

あなた： **I see.**

〔訳〕

相手 ：こちらが旅程表です。午後 2 時出発で ETA は朝の 7 時です。

あなた：ETA って？

相手 ：到着予定時刻の略です。

あなた：なるほど。

ダイアローグ 2

ホテルに夜遅くチェックイン、ダイニングが閉まっているので近くのレストランを教えてもらった。

相手 ： **There's one restaurant near here. It's BYO.**

あなた： **BYO? What does that mean?**

相手 ： **Bring your own bottle. You can bring your own bottle.**

あなた： **Oh, I see.**

〔訳〕

相手 ：近くに一軒ありますね。BYO が。

あなた：BYO ？　どういう意味？

相手 ：Bring your own bottle の略です。好きなお酒を持ち込めるんです。

あなた：なるほど。

What does that mean?
What does ETA mean?
What does BYO mean?

That's not what I meant.

そうじゃなくて

point!
自分が言いたかったことはそうじゃない、と訂正するときのフレーズ。英語がうまく伝わらず誤解されてしまったときは、このフレーズを言って、きちんと訂正しよう。

バリエーション

That's not what I meant to …….
ダッツ ノッ ワタイ メン トゥ

……するつもりじゃなかったんです。／……したのと違います。

エクササイズ

私が言いたかったのはそうじゃなくて。
そんなことするつもりじゃなかったんです。
注文したものと違います。

ダイアログ 1

観光後、バスに戻ってきて、ガイドさんとおしゃべり。

相手　：**How was your trip?**

あなた：**Well, I'm exhausted.**

相手　：**You mean you didn't like it?**

あなた：**That's not what I meant.**

〔訳〕

相手　：どうでした？
あなた：うーん、疲れました。
相手　：お好みじゃなかったですか？
あなた：あ、そういう意味じゃなくて。

ダイアログ 2

レストランにて。

相手　：**Here you are.**

あなた：**Oh, this is not what I meant to order.**

相手　：**Really? Let me check.**

〔訳〕

相手　：お待たせしました。
あなた：あれっ？　注文したものと違うんですけど。
相手　：そうですか？　確認させてください。

That's not what I meant.
That's not what I meant.
This is not what I meant to order.

Could you show me how ……?

どうやるのか教えてもらえませんか?

point! 「……を教えて」と言う場合、Could you tell me ……をよく使うが、動作で教えてもらいたいときは、tell ではなく、show を使うといい。道をたずねるときにも、けっこう show を使うことが多い。

バリエーション

Could you show me how to ……?
クッジュー ショウ ミー ハウ トゥ

……のやり方を教えてもらえませんか?

エクササイズ

やり方を教えてもらえませんか?
鍵の開け方を教えてもらえませんか?
食べ方を教えてもらえませんか?

ダイアローグ1

ホテルの部屋に入るとき、カードキーの使い方を教えてもらう。

相手　：**This is your room, 1717.**

あなた：**Could you show me how to use that key?**

相手　：**Sure.**

〔訳〕

相手　：こちらがお客様のお部屋、1717号室です。
あなた：鍵の開け方を教えてもらえませんか？
相手　：かしこまりました。

ダイアローグ2

レストランにて。名物の魚の塩釜焼きを注文したが……。

相手　：**Here's the sea bream in salt crust. Please break the crust.**

あなた：**Could you show me how?**

相手　：**Certainly.**

〔訳〕

相手　：鯛の塩釜焼きでございます。塩釜は壊してください。
あなた：壊し方を教えてもらえますか？
相手　：かしこまりました。

Could you show me how to do it?
Could you show me how to use that key?
Could you show me how to eat this?

Don't.

だめ／やめて

point! 何かをやめてほしいときのひとこと。何をやめてほしいか、don't の次の言葉を言わなくても、通じるというわけ。丁寧に制止する場合は、Please don't と言おう。Don't というひとことよりも、さらに強く止める場合は、Don't do that! となる。

いちばん使えるひとこと

Oh, please don't.
オー　プリーズ　ドン

あ、やめてください。

たとえば、食べ終わっていない皿をサービス係に下げられそうになった場合に。

Please don't.
プリーズ　ドン

やらなくていいです。

提案してくれたことを断るときなどに。

エクササイズ
やめて。
やめてください。
やらなくていいです。（提案に対して）

ダイアローグ1

機内で食事のサービスのあとで。

相手　：**I'll take the tray.**

あなた：**Oh, please don't. I'm still eating.**

相手　：**Sorry.**

あなた：**That's OK.**

〔訳〕

相手　：お下げしますね。

あなた：あっ、まだ下げないで。まだ食べてるんです。

相手　：すみません。

あなた：かまいませんよ。

ダイアローグ2

そばにいる人にタバコを吸っていいかと聞かれて。

相手　：**Excuse me. Is it OK if I smoke?**

あなた：**I'm sorry but please don't. I have a cold.**

相手　：**OK.**

〔訳〕

相手　：すみません。タバコを吸ってもいいですか？

あなた：すみませんが、それはちょっと。風邪をひいているもので。

相手　：わかりました。

5 これが言いたかった！「ツボ」フレーズ30

Don't.
Please don't.
Please don't.

I'll think about it.

ちょっと、考えます

point! 店で、旅行代理店で、何かをすすめられて、決めかねたときに便利なフレーズ。考えます、と言いつつ、やんわりと断りの意味合いがあるのは、英語も同じだ。

バリエーション

I'll come back later.
アイル カム バック レイタ
あとでまた来ます。

Maybe another time.
メイビー アナダ タイム
またの機会に。

エクササイズ
ちょっと、考えます。
あとでまた来ます。
またの機会に。

ダイアローグ1

ブティックで。

相手 ：**This is a popular brand.**
あなた：**Is it?**
相手 ：**Would you like to try it on?**
あなた：**I'll think about it.**

〔訳〕

相手 ：これ、売れてますよ。
あなた：そうなんですか？
相手 ：試着なさってみませんか？
あなた：考えておきます。

ダイアローグ2

ホテル内のツアーデスクで。

相手 ：**We have the "Safari Tour" and the "Forest Tour."**
あなた：**Do you have Japanese speaking guides on those tours?**
相手 ：**No, I'm afraid not.**
あなた：**OK, I'll think about it.**

〔訳〕

相手 ：「サファリツアー」と「フォレストツアー」がございます。
あなた：日本語ガイドはつきますか？
相手 ：申し訳ございませんが、それはちょっと。
あなた：そうですか、ちょっと考えます。

I'll think about it.
I'll come back later.
Maybe another time.

There you are.

ああ、いたいた

point! 探していた人がいたときのひとこと。もしくは、Here you are と同じような意味でも使うし、「ほら、言ったとおりでしょ」の意味でも使う。

バリエーション

There it is!
あった！

エクササイズ

ああ、いたいた！
あった！
ほら、言ったとおりでしょ。

ダイアローグ1

現地ガイドの姿を見失って……。

あなた：**Oh, there you are!**
相手　：**Oh, Mr. Suzuki!**
あなた：**I was looking for you.**
相手　：**What can I do for you?**

〔訳〕

あなた：ああ、いたいた！
相手　：ああ、鈴木さん。
あなた：探してたんですよ。
相手　：何かご用でしょうか？

ダイアローグ2

現地ツアー中、置き忘れた荷物を取りに来て。

あなた：**There it is!**
相手　：**Oh, that's what you're looking for.**
あなた：**Yes. Exactly.**

〔訳〕

あなた：あった！
相手　：ああ、お探しものはこれでしたか。
あなた：ええ、そうなんです。

There you are!
There it is.
There you are.

Is it OK if ……?

……してもいいですか?

point! 許可を求める表現。Is it OK if ……? で質問されたときの答えは、「ええ、かまいませんよ」(Yes, please)、「もちろん、どうぞ」(Sure)、「んー、ちょっと……(勘弁してください)」(I'm afraid not) などとなる。

いちばん使えるひとこと

Is it OK if I sit here?
イズ イットーケイ イフ アイ スィティア
ここに座ってもいい?

Is it OK if I smoke?
イズ イットーケイ イフ アイ スモーク
タバコ吸ってもいい?

エクササイズ

ここに座ってもいいですか?

タバコを吸ってもいいですか?

ちょっと、勘弁してください。(Is it OK if …? に対する答え)

ダイアローグ1

空港の待合室で、隣の席に人が来て。

相手　：**Is it OK if I sit here?**

あなた：**Sure. Nobody has taken.**

相手　：**Thanks.**

〔訳〕

相手　：ここ、座ってもいいですか。
あなた：どうぞ、誰もいませんから。
相手　：どうも。

ダイアローグ2

オープンカフェで、そばの人に話しかけられて。

相手　：**Is it OK if I smoke?**

あなた：**Well…I'm afraid not.**

相手　：**OK.**

〔訳〕

相手　：タバコ吸ってもいいですか？
あなた：んー、ちょっと、やめてもらえますか。
相手　：わかりました。

Is it OK if I sit here?
Is it OK if I smoke?
I'm afraid not.

I think …….

…… みたいなんですが

point! 何かを指摘したり、クレームをしたりするときに、意外と便利なのが、I think……だ。これを冒頭に言うと、和らいだ表現にできる。

いちばん使えるひとこと

I think it's out of order.
故障してるみたいなんですが。

I think I'll skip breakfast.
朝食はいりません。

エクササイズ
故障しているみたいなのですが。
朝食は食べないことにします。
テレビが故障しているみたいなのですが。

ダイアローグ1

客室のトラブルをフロントに電話。

あなた：**I think the remote control doesn't work.**

相手　：**I'll send a housekeeper right away.**

あなた：**Thanks.**

〔訳〕

あなた：リモコンが壊れているみたいなんですけど。
相手　：すぐ客室係の者を向かわせます。
あなた：どうも。

ダイアローグ2

機内で。

相手　：**Are you ready for breakfast?**

あなた：**I think I'll skip breakfast.**

相手　：**Are you sure? How about coffee or tea?**

あなた：**I'd like coffee with cream, thanks.**

〔訳〕

相手　：ご朝食はいかがでしょうか？
あなた：スキップします。
相手　：では、コーヒーか紅茶だけでもいかがでしょう？
あなた：コーヒーをください。クリームを入れて。

I think it's out of order.
I think I'll skip breakfast.
I think the TV doesn't work.

Let me …….

私に ……させて

point! Let me do it は「私にやらせて」、Let me know は「知らせてね」という表現。もう少しかしこまった言い方をしたいときは、Would you let me ……? という表現にすればいい。「私にやらせていただけますか?」は、Would you let me do it? となる。

いちばん使えるひとこと

Let me do it! / Let me try.
レッ　ミー　ドゥイッ　／　レッ　ミー　トライ

私にやらせてみて!

Let me pay.
レッ　ミー　ペイ

私のおごり。

エクササイズ
私にやらせて!
私に払わせて。
確認させてください。

ダイアローグ1

ホテルでチェックインする際に。

あなた：**I'd like to check in. I have a reservation. My name's Tanaka.**

相手　：**Yes, Mr. Tanaka. We've been expecting you.**

あなた：**My room comes with a complimentary breakfast, right?**

相手　：**OK, let me check.**

〔訳〕

あなた：チェックインお願いします。予約している、田中です。

相手　：はい、田中様ですね。お待ちしておりました。

あなた：無料で朝食がついているはずなんですが、大丈夫ですよね？

相手　：はい、確認いたしますね。

ダイアローグ2

現地ガイドとランチを一緒にとった後に。

あなた：**Shall we go now?**

相手　：**Sure.**

あなた：**Let me pay.**

相手　：**Oh, you don't have to do that!**

〔訳〕

あなた：そろそろ行きましょうか。

相手　：そうですね。

あなた：ここは私に払わせてください。

相手　：とんでもない！

Let me do it!
Let me pay.
Let me check.

column 13　　　　　知っておきたい単語と表現

時刻

① 10 時ちょうど

② 10 時 15 分

③ 10 時 30 分

④ 10 時 45 分

⑤ 10 時 50 分

⑥ 11 時 10 分

⑦ 午前 10 時

⑧ 午後 10 時

⑨ 昼の 12 時

⑩ 夜中の 12 時

テン
ten o'clock

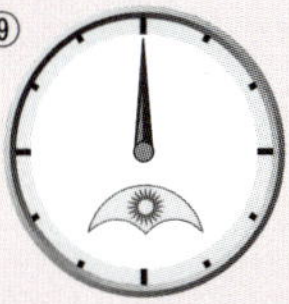

テン フィフティーン　クォーター バス テン　クォーター アフター テン
ten fifteen / quarter past ten / quarter after ten

テン サーティ　ハーフ バス テン　ハーフ アフター テン
ten thirty / half past ten / half after ten

テン フォーティ ファイヴ　クォーター トゥ イレヴン
ten forty five / quarter to eleven

テン フィフティ　テン トゥ イレヴン
ten fifty / ten to eleven

テン バス イレヴン　テン アフター イレヴン　イレヴン テン
ten past eleven / ten after eleven / eleven ten

テン エーエム
ten a.m.

テン ピーエム
ten p.m.

ヌーン
noon

ミッナイ
midnight

column 14　知っておきたい単語と表現

ID（身分証明）

姓	family name / last name.
名	first name
国籍	nationality
日本人	Japanese
性別	sex
男性	male
女性	female
年齢	age
住所	address
郵便番号	zip code / post code
電話番号	telephone number
局番	area code
携帯電話番号	cell phone number
生年月日	date of birth
出生地	place of birth
職業	occupation
婚姻区分	marital status
既婚	married
未婚	single
家族構成	family structure
夫婦	(married) couple / husband and wife
両親	parents / father and mother
息子	son
娘	daughter
祖父	grandfather
祖母	grandmother
孫	grandchild
署名	signature

Appendix
自分だけの
しっくり表現メモ

「これが言いたかった!」「このフレーズは使いやすい!」「この表現、よく使うなぁ」など、自分にとってしっくりくる表現だけをメモしておきましょう。

やがて、その表現が核となって、それを使ったバリエーションがどんどん増えてきます。

あとはとにかく旅に出てください。言葉は机で勉強しているだけでは身につきません。実際にどんどん使って、それによって身につけていくものです。

自分だけのしっくり表現メモ

自分だけのしっくり表現メモ

自分だけのしっくり表現メモ

自分だけのしっくり表現メモ

自分だけのしっくり表現メモ

自分だけのしっくり表現メモ

自分だけのしっくり表現メモ

自分だけのしっくり表現メモ

ロバート・ハリス ROBERT HARRIS

横浜生まれ。高校時代から国内、海外をヒッチハイクで旅する。上智大学卒業後、東南アジアを放浪。バリ島で1年を過ごしたのちオーストラリアに渡り、1988年まで16年間滞在。シドニーで書店兼画廊「エグザイルス」を経営する。また、映画・TVなどの制作スタッフとしても活躍し、帰国後、1992年よりJ-WAVEのナビゲーターに。現在、作家としても活躍。また「UEFAチャンピオンズリーグ ハイライト(NTV系)」の英語ナレーターを務めるなどTV番組でも活躍する。著書に『エグザイルス』『人生の100のリスト』(以上、講談社プラスアルファ文庫)、『エグザイルス・ギャング』(幻冬舎アウトロー文庫)、『旅に出ろ! ヴァガボンディング・ブック』(ヴィレッジブックス)、『幻の島を求めて』『モロッコ オン ザ ロード』『知られざるイタリアへ』(以上、東京書籍)などがある。

■著者公式ブログ「EXILES」　http://robertharris.jugem.jp/

音声制作	株式会社ブレーンズ ギア
音声出演	RYOSUKE(横江良祐)
音声出演	AN(内池 杏)
ブックデザイン	長谷川 理(Phontage Guild)
編集協力	株式会社オフィス宮崎
編集	西山 佑
企画協力	内池 泰(バグース)
企画・編集	小島 卓(東京書籍)

英語なんて これだけ聴けて これだけ言えれば 世界はどこでも 旅できる

2010年9月7日　　　第1刷発行
2014年6月16日　　　第11刷発行

著　者	ロバート・ハリス
発行者	川畑慈範
発行所	東京書籍株式会社
	〒114-8524　東京都北区堀船2-17-1
電　話	03-5390-7531(営業)　03-5390-7526(編集)
ホームページ	http://www.tokyo-shoseki.co.jp
印刷・製本	図書印刷株式会社

Copyright©2010 by Robert Harris
All rights reserved.
Printed in Japan

乱丁・落丁の場合はお取り替えいたします。
本体価格はカバーに表示してあります。
ISBN978-4-487-80465-8　C2082